德州扑克
战术与策略分析

赵春阳 著

电子工业出版社
Publishing House of Electronics Industry
北京·BEIJING

未经许可，不得以任何方式复制或抄袭本书之部分或全部内容。
版权所有，侵权必究。

图书在版编目（CIP）数据

德州扑克战术与策略分析 / 赵春阳著. -- 北京：电子工业出版社，2016.11
ISBN 978-7-121-29905-6

Ⅰ.①德… Ⅱ.①赵… Ⅲ.①扑克－基本知识 Ⅳ.①G892.1

中国版本图书馆CIP数据核字(2016)第219722号

责任编辑：郝黎明　　特约编辑：徐　岩
印　　刷：三河市兴达印务有限公司
装　　订：三河市兴达印务有限公司
出版发行：电子工业出版社
　　　　　北京市海淀区万寿路173信箱　邮编：100036
开　　本：880×1230　1/32　印张：7　字数：155千字
版　　次：2016年11月第1版
印　　次：2025年1月第23次印刷
定　　价：40.00元

凡所购买电子工业出版社图书有缺损问题，请向购买书店调换。若书店售缺，请与本社发行部联系，联系及邮购电话：（010）88254888，88258888。
质量投诉请发邮件至zlts@phei.com.cn，盗版侵权举报请发邮件至dbqq@phei.com.cn。
本书咨询联系方式：（010）57565890，meidipub@phei.com.cn。

前言

2008年11月12日,中国的网民打开电脑,一条新闻成了各大网站的头条:

"在美国内华达州拉斯韦加斯举行的世界扑克大赛中,22岁的丹麦选手Peter Eastgate取得最终胜利,赢得915万美元的奖金,成为历史上最年轻的德州扑克冠军。"

相信很多中国人是第一次听说德州扑克这个游戏。新闻中"世界扑克大赛"的叫法不准确,应该叫"世界扑克系列赛(World Series of Poker)",简称WSOP,每年在美国拉斯韦加斯举行一次。

德州扑克比赛曾在很多影视作品中出现过,如《天才游戏》、《幸运牌手》,以及大家最熟悉的007系列的《皇家赌场》。就连一直钟爱梭哈玩法的香港电影,也在2009年拍出了一部关于德州扑克的电影——《扑克王》。

另外,很多电视台也推出了德州扑克的真人秀节目,如GSN的《高筹码扑克》、BBC的《深夜德州扑克》和《挑战王牌》,还有ESPN的《世界扑克系列赛》。中国的GTV网络棋牌频道也在2011年推出了德州扑克节目《疯狂德州》。

在娱乐圈，大家一定听过Lady Gaga著名的单曲《Poker Face》，这首歌曲借用了很多德州扑克术语，如果你会玩德州扑克，一定能体会歌词双关的妙处。美国乡村音乐教父Kenny Rogers在歌曲《The Gambler》中用他低沉的嗓音传达了一个牌手对德州扑克和生活的理解。

在体育界，德州扑克也有很多"粉丝"，如踢足球的Vieri、打篮球的巴克利，最著名的当属飞鱼Phelps，他曾经在一次德州扑克比赛中进入决赛桌并取得第九名的成绩，主办方还为他特制了一块金牌。

在中国，这几年各大游戏平台都推出了德州扑克游戏，一些交友平台也参与其中，相关小说火爆连载，德州扑克相关网站如雨后春笋般冒了出来。中国也有了自己的德州扑克赛事，比如WPT中国赛。最令人兴奋的是中国广西籍玩家老邱在2008年世界扑克巡回赛（World Poker Tour，WPT）总决赛中荣获冠军，并赢得340万美元奖金，五星红旗第一次在德州扑克赛场飘扬。

德州扑克为什么让这么多的玩家如此着迷？你想与全世界的德州扑克高手较量为国争光吗？本书将带你领略德州扑克独有的魅力。

德州扑克基础知识 _____ 1
  德州扑克的益处 / 2
  德州扑克简介 / 4
  德州扑克的规则 / 5
  德州扑克的术语 / 10
  德州扑克的游戏形式 / 16
  德州扑克的误解 / 19
  德州扑克在中国 / 21
  习题1 / 23

德州扑克基本理念 _____ 25
  扑克四大定律 / 26
  读牌 / 28
  一手牌的要素 / 33
  期望和期望值 / 34
  彩池赔率 / 38
  表面赔率和隐含赔率 / 40
  计算出牌 / 44
  资金管理 / 48
  习题2 / 50
  无限注现金游戏与无限注比赛 / 52

翻牌前技术 _____ 65
  翻牌前概率 / 67
  翻牌前打法 / 79
  习题3 / 83

翻牌后技术 _____ 95
  翻牌后行动 / 96
  翻牌打法 / 107
  转牌打法 / 112
  河牌打法 / 119
  习题4 / 121

短筹码与短桌技术 _____ 145
  区域系统 / 146
  全下 / 147
  泡沫 / 153
  钱圈 / 159
  单挑 / 161
  习题5 / 168

现场德州扑克比赛规则 _____ 175
  现场德州扑克游戏流程 / 176
  玩家注意事项 / 179
  行动的表达 / 184
  牌桌管理 / 188
  裁判员判罚标准 / 190
  发牌员发牌失误 / 192
  习题 / 194

附 录　195

　　附录1　牌型出现概率 / 195

　　附录2　出牌概率表 / 198

　　附录3　底牌别称 / 199

　　附录4　赛事 / 201

　　附录5　相关书籍 / 203

　　附录6　名人堂 / 205

　　起手牌 / 208

　　附录比赛结构 / 213

后记　217

德州扑克基础知识

  本章主要介绍一些德州扑克的基础知识，包括德州扑克的益处、简介、玩法、术语和游戏形式。如果你已经对德州扑克有了很深的了解，那么你可以直接跳过这章。如果你是初学者，可以通过学习本章的内容来了解德州扑克的规则和玩法。

德州扑克的益处

德州扑克与其他纸牌游戏最大的区别是,其他纸牌游戏只是单纯的休闲游戏,而德州扑克不仅仅是一种休闲游戏,还能让人获益匪浅。对于中国玩家,我认为玩德州扑克有以下好处。

1. 德州扑克改善你的学习习惯。
2. 德州扑克提高你的数学水平。
3. 德州扑克提高你的逻辑分析能力。
4. 德州扑克使你变得专心。
5. 德州扑克训练你的耐心。
6. 德州扑克使你自律。
7. 德州扑克训练你的长期专注度。
8. 德州扑克告诉你放弃利益等于获得损失(反之亦然)。
9. 德州扑克让你变得现实。
10. 德州扑克教你根据变化的局势做出调整。
11. 德州扑克教你用不同的策略对付不同的人。
12. 德州扑克教你抛弃地域、性别、种族等偏见。
13. 德州扑克教你如何处理损失。

德州扑克基础知识

14. 德州扑克教你客观看待问题。
15. 德州扑克教你如何计划。
16. 德州扑克教你如何对付骗子。
17. 德州扑克告诉你如何选择最适合你的"游戏"。
18. 德州扑克教你后发制人的道理。
19. 德州扑克教你抓住重点。
20. 德州扑克教你如何应用概率论。
21. 德州扑克教你如何进行风险回报分析。
22. 德州扑克教你综合各种因素做出决定。
23. 德州扑克教你如何进入别人脑子里。
24. 德州扑克提高你的英语水平。
25. 德州扑克训练你的表演能力。
26. 德州扑克使你锻炼身体。
27. 德州扑克训练你的记忆力。
28. 德州扑克提高你的挫折承受能力。
29. 德州扑克使你学会放弃。
30. 德州扑克使你变得勇敢。

请记住德州扑克带给你的这30点益处，等你看完这本书后请再来看这30点益处，你会发现你已经明白了其中的内涵。请你玩德州扑克一年后再来看这30点益处，你会发现你都已经体会到了，不仅仅在牌桌上，更是在生活中。

德州扑克　战术与策略分析

德州扑克简介

德州扑克在20世纪初起源于美国得克萨斯州洛布斯镇，所以德州扑克被叫作德克萨斯拿住扑克（Texas Hold'em Poker），简称为Hold'em或Poker，在我国香港被翻译成德州话事啤，在我国内地通常被称为德州扑克。

德州扑克被誉为扑克界的凯迪拉克，每届世界扑克系列赛的最后一个项目都是德州扑克，德州扑克的奖金是世界所有体育项目中最多的，在国外各大游戏平台德州扑克的玩家最多，但最重要的一点是，德州扑克本身有巨大的魅力。德州扑克的规则简单，上手容易，10分钟就可以学会，老少皆宜。德州扑克斗智斗勇，需要玩家有很高的智商和情商，想要玩好并不容易。德州扑克紧张激烈，随着公共牌的发出，玩家的优势劣势随时可以改变，一张牌的出现往往决定比赛的名次。德州扑克充满趣味，经常出现有趣的牌局，令人回味无穷。

德州扑克是一种竞技游戏。德州扑克不同于博彩游戏21点，21点的对手是娱乐场的发牌人员，而德州扑克的对手是参与游戏的其他普通玩家。德州扑克比赛中使用的筹码并不代表钱，它仅仅是一种计量单位，记录玩家赢得彩池的多少。德州扑克比赛的目的也不是赢得筹码，而是争取好的名次甚至是冠军。德州扑克虽然有随机事件，但对于一个德州扑克高手，随机概率是可以计算和控制的。德州扑克要求玩家有良好的逻辑分析能力、计算能力、专注度、记忆力、观察能力、耐心、勇气、挫折承受力，甚至还要有表演能力

德州扑克基础知识

和体力。德州扑克界有句很有名的谚语:"这就是扑克,这就是生活(That's poker, that's life)",的确,从某种角度来说,德州扑克仿佛是生活的浓缩,你要运用你的综合素质向生活挑战,扑克亦然。

在中国,一提到扑克游戏和概率,往往就和赌博画等号,这种落后的观念十分可怕。正如世界冠军老邱所说:"赌博不是形式,而是态度"。心存幻想,不按规律办事,并无法承担失败的后果,这种行为就是赌博。例如,想一夜暴富,用全部资金随意投资了一只股票,最后倾家荡产,这种行为就不是投资,而是赌博。

以锻炼思维、结交朋友为目的,抱着轻松的心态去参加比赛,用智慧和勇气争取最后的冠军,这就是德州扑克,一种健康的竞技游戏。

在学习后面的内容之前,请你好好思考,并回答下面几个问题:

1. 你是否善于学习和总结?
2. 你是否善于观察和记录?
3. 你是否有足够的耐心去等待?
4. 你的心态是否足够成熟,可以接受被小概率事件击败?

如果以上问题的答案都是"Yes",那么请你继续读下去。

德州扑克的规则

用牌: 52张,一副扑克牌去掉两个王牌。

游戏人数: 通常是2~10人,理论上支持22人同时游戏。

盲注：为了保证每局牌都有底注可玩，德州扑克设置了小盲注和大盲注。小盲位是指按照顺时针次序庄家的下一位玩家。大盲位是指按照顺时针次序小盲位的下一位玩家。大盲注要下的盲注通常是小盲注的2倍。

发牌：发牌一般分为5个步骤，分别为翻牌前、翻牌、转牌、河牌和摊牌。

翻牌前（Perflop）：先下大小盲注，然后发牌员从小盲注玩家开始按顺时针次序给每位玩家发2张底牌。发完底牌后由大盲注左边的玩家首先选择下注、跟注、加注或者弃牌。然后按照顺时针方向，其他玩家依次表态，大盲注玩家最后表态。如果玩家有加注情况，前面已经跟注的玩家需要再次表态甚至多次表态。

翻牌（Flop）：同时发出3张公共牌，由小盲注开始（如果小盲注已弃牌，由后面最近没弃牌的玩家开始，以此类推）按照顺时针方向依次表态，玩家可以选择下注、跟注、加注或者弃牌。

转牌（Turn）：发出第四张牌，由小盲注开始，按照顺时针方向依次表态，玩家可以选择下注、跟注、加注或者弃牌。

河牌（River）：发出第五张牌，由小盲注开始，按照顺时针方向依次表态，玩家可以选择下注、跟注、加注或者弃牌。

如果发完所有牌以后仍不能分出胜负，游戏则会进入"摊牌"阶段，也就是让所剩的玩家亮出各自的底牌比较成手牌的大小。

摊牌：从自己的2张底牌和桌面上的5张公共牌中选出5张，不论手中的底牌使用几张（甚至可以不用手中的底牌），凑成最大的牌型，与其他玩家比较。4种花色不分大小，A最大，2最小。牌型

德州扑克基础知识

一般分为10种,从大到小为依次为皇家同花顺、同花顺、四头、葫芦、同花、顺子、三头、两对、一对、高牌。

皇家同花顺(Royal Flush):由AKQJ10五张组成,并且这5张牌花色相同,如下图所示。

同花顺(Straight Flush):由5张花色相同的连续牌组成,如下图所示。

四头(Four of A Kind):4张同点数牌加上其他一张任何牌,如下图所示。

葫芦(Full House)：3张同点数牌加上另外一对，如下图所示。

同花(Flush)：5张牌花色相同，但是不构成顺子，如下图所示。

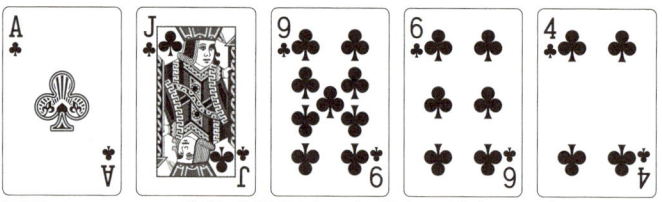

顺子(Straight)：5张牌点数相连，但花色不全相同，如下图所示。

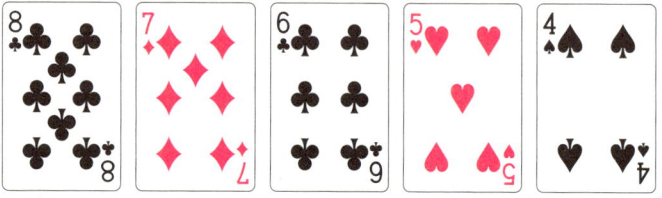

三头(Three of A Kind)：3张牌点数相同，其他两张不同，如下图所示。

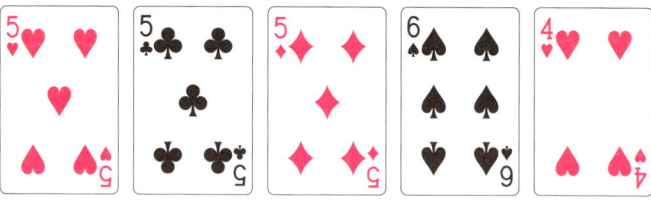

两对(Two Pairs)：2组对牌加上一个杂牌，如下图所示。

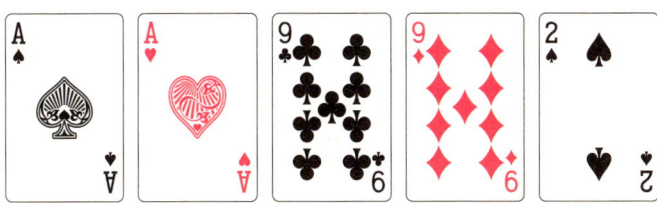

一对(One Pair)：1组对牌加上3张杂牌，如下图所示。

高牌(High Card)：不符合上面任何一种牌型的组合，由单张不连续不同花的牌组成，如下图所示。

我们下面看一个例子，5个玩家看到河牌，摊牌后的情况如下：

玩家1的底牌：A♦ Q♠

玩家2的底牌：A♥ K♥

玩家3的底牌：9♥ 9♣

玩家4的底牌：Q♥ 8♣

玩家5的底牌：K♦ 4♦

公共牌：A♣ J♦ 9♦ T♥ 3♦

问题：这手牌的获胜者是谁？

答案：玩家1有一对A，最大的边牌是Q，玩家2也是一对A，但是最大的边牌是K，所以玩家2比玩家1的成手牌大。玩家3有三头9，大于玩家2。玩家4是8~Q的顺子，大于玩家3。玩家5是K同花，大于玩家4。所以，这里获胜的玩家是玩家5。下面是玩家成手牌：

玩家1：A♦ A♣ Q♠ J♦ T♥

玩家2：A♥ A♣ K♥ J♦ T♥

玩家3：9♥ 9♣ 9♦ A♣ J♦

玩家4：Q♥ J♦ T♥ 9♦ 8♣

玩家5：K♦ J♦ 9♦ 4♦ 3♦

以上就是德州扑克的基本规则，和象棋一样，可以在几分钟之内就学会，但是想要玩好，可能需要很长甚至一生的时间。

德州扑克的术语

了解规则后，我们还要知道一些术语以便更好的交流。德州扑克的通用语言是英语，所以这里的术语采用的是双语模式，按照英文字母的顺序排序的。如果你不能一次性记住这些术语，可以把它当成字典查阅，直至完全掌握它们的含义。

Action（说话或行动）：一个玩家的行为。德州扑克里共有7种行为：Bet（下注）、Call（跟注）、Fold（弃牌）、Check（让牌）、Raise（加注）、Reraise（反加注）、All In（全下）。

德州扑克基础知识

All In（全下）：推出自己所有的筹码。

Ante（底注）：一般出现在比赛中，比赛进行一段时间后，每个玩家没手牌前的强制下注，一般为大盲注的1/10左右。

Bad Beat（小概率击败）：优势很大的成牌被一张小概率出现的牌击败。

Bank Roll（资本）：投入德州扑克的资金。

Bet（下注）：第一个投入筹码的行为。

Betting Rounds（下注圈）：每一个牌局可分为4个下注圈，每一圈下注由小盲注玩家开始，包括Preflop Round（翻牌前圈）、Flop Round（翻牌圈）、Turn Round（转牌圈）、River Round（河牌圈）。

Preflop Round（翻牌前圈）：公共牌出现以前的下注圈。

Flop Round（翻牌圈）：前3张公共牌出现以后的下注圈。

Turn Round（转牌圈）：第四张公共牌出现以后的下注圈。

River Round（河牌圈）：第五张公共牌出现以后，也即是摊牌以前的下注圈。

Big Stack（大筹码）：牌局中筹码较多的玩家。

Blinds（盲注）：在每一局开始时，大盲注和小盲注玩家必须扔入的筹码，这是对玩家强制性的下注，以保证每局都有底注可竞争。

Blind Out（盲杀）：由于盲注加大被淘汰。

Bluff（诈唬）：没有强牌的情况下通过下注使对方以为自己有强牌，以便迫使对手弃牌。

德州扑克　战术与策略分析

Board（桌面）：指桌上的5张公共牌，包括Flop（翻牌）、Turn（转牌）、River（河牌）。

Flop（翻牌）：前3张公共牌。

Turn（转牌）：第四张公共牌，也叫第四街（The Fourth Street）。

River（河牌）：第五张公共牌，也叫第五街（The Fifth Street）。

Bubble（泡沫）：比赛中离进钱圈只差一个人的局势。

Bust（出局）：输光所有筹码离开牌局。

Button（按钮或庄家）：按钮是玩家顺时针轮流持有的一个标志，持有按钮的玩家为这局牌的庄家，每圈下注由庄家左侧的玩家开始到庄家结束。

Buy In（买入）：参与这个游戏需要的钱。

Call（跟注）：与其他玩家投入相同的筹码。

Check（让牌）：采取观望态度，把行动的权利让给其他玩家。

Check-raise（让牌加注）：让牌引诱对手下注后再进行加注。

Connectors（连牌）：点数连续的底牌，如98、AK、32等。

Cracked（打碎）：当一对漂亮的口袋 A 被人打败，这一对 A 就算是被"打碎"了。

Cut Off（关煞位）：按钮玩家右边第一位玩家。

Domination（主导）：两个玩家的底牌有一张相同，不同的牌中较小的一方就称为被对方主导，如AQ被AK主导。

德州扑克基础知识

Draw（抽牌）：差一张或几张牌可以形成一手很强的牌，如底牌是K♥8♥，翻牌是4♥7♥4♣，那么就可以说抽一张红桃。

Drawing Dead（抽死）：无论发下什么牌，都已经被对手击败了。

Grinder（磨磨机）：一个格外小心，一点一点"磨"出成绩来的玩家。

Fake（作废）：如果你的底牌是KK，对方的底牌是AT，翻牌是QQQ，转牌是7，河牌又是Q，那么你的KK就作废了。

Fish（鱼）：菜鸟，初学者。

Fold（弃牌）：扔掉底牌，放弃这一局牌。

Freeroll（免费赛或音译为富轮）：为初学者准备的免费赛。

Heads Up（单挑）：两个玩家一对一的游戏形式。

Hole Cards（底牌）：牌局开始时发给每个人的两张牌。

Kicker（边牌）：如果两个玩家有相同的对子、三头等，则拥有较大的边牌（即不成对的最大的一张牌）的玩家获胜，把对手"踩在脚下"。例如，前文中的那个例子：玩家2的成手牌为A♥A♣K♥J♦T♥，玩家1的成手牌为A♥A♣Q♠J♦T♥，我们就可以说，玩家2的边牌K比玩家1的边牌Q大。

Margin Hand（边缘牌）：AT、KJ这种容易被主导的底牌。

Monster（大牌）：一手很强大的牌。

Nuts（坚果牌）：当前局面可能出现的最强的牌，如公共牌是K♥9♥6♥2♥5♠，那么有A♥的玩家有坚果牌。

On Tilt（失控）：玩家情绪失控开始乱玩。

Open-ended Straight（两端抽顺）：如玩家底牌为45，翻牌中有63，那么，再发一张2或7就可以形成顺子，这种情况就叫两端抽顺。

Out（出牌）：可以使玩家获胜的公共牌，如一个玩家有一对K，对方有一对A，那么未发出的两个K就是拿着一对K的玩家的出牌。

Over Pair（超对）：玩家底牌对子的点数比牌面公共牌中最大的牌还大就称为超对，如翻牌是K97，那么AA就是超对。

Pocket Pair（口袋对）：两张点数相同的底牌，如 AA、KK、77、22可以称作口袋A、口袋K、口袋7、口袋2。

Position（位置）：一个玩家相当按钮的位置。随着按钮位置的变化，每个人的位置也跟着变动。

Early Position（早段位置）：在9人局是前3个位置。

Middle Position（中段位置）：在9人局是四、五、六3个位置。

Late Position（后段位置）：按钮和大小盲注的位置。

Pot（彩池）：每一个牌局里玩家已下注的筹码总额。

Rag（抹布）：一张低数值并多数不影响胜负的公共牌。

Rainbow（彩虹牌）：指公共牌的花色没有相同的两张，如翻牌为K♣7♠5♥，我们就可以说这个翻牌是个彩虹牌。

Raise（加注）：在前面玩家下注的基础上再增加下注。

Reraise（反加注）：在前面玩家加注的基础上再增加下注。

Set（暗三）：拿着一个口袋对子的情况下发下一张等值的公共牌凑成的三头，由于比较隐蔽，故被称为暗三。

德州扑克基础知识

Showdown（摊牌）：在最后一圈下注后仍然有两个或两个以上玩家，玩家就得通过摊牌比较成手牌大小判断胜负。

Side Pot（边池）：当有人全下而另一个筹码较少的玩家跟注的时候，通常会形成一个边池，筹码较少的玩家不参与这个边池里筹码的竞争。例如，两个有2000筹码的玩家全下，另一个有1500筹码的玩家跟注，500筹码就是边池，有1500筹码的玩家不参与竞争这个彩池。

Starting Hand（起手牌）：即底牌。

Steam（七窍生烟）：指玩家由于愤怒开始胡玩。

Streak（连胜）：连战连胜的状态。

Suited（同花）：花色相同的底牌，花色不同的牌叫Off-suited。

T（10）：Ten的缩写，指扑克牌里的10。

Tell（习惯动作）：一个玩家的习惯动作，如一个玩家拿到好牌的时候会后仰，那么后仰就是他的习惯动作。

Trap（挖坑）：在知道自己稳操胜券的情况下诱导别人加注，以增加自己将赢得的筹码数额。

UTG（枪口位置）：Under the Gun的缩写，大盲注左边的玩家，翻牌前他第一个说话，翻牌后，如果大小盲注不参与彩池他还是最先行动，位置十分不利，仿佛被置于枪口之下。

德州扑克　战术与策略分析

德州扑克的游戏形式

虽然德州扑克的规则是统一的，但是有很多玩法，从下注限度可以分为限注和无限注两大类（本书将重点讨论无限注德州扑克的技巧），从游戏性质可以分为比赛和现金游戏。下面介绍几种比较流行的玩法。

Limit：限注德州扑克，是指每轮下注过程中，最高下注额有一定限制。以100/200有限下注德州扑克为例，100和200是指限定加注额度，而不是盲注，100/200有限下注德州扑克的盲注通常为50/100。100是指第一轮和第二轮的限定加注额度，200是指第三轮和第四轮的限定加注额度。每轮下注过程中最多只能加注3次，第一轮和第二轮下注过程中每次加注只能加100，如第一个玩家下注100，第二个玩家只能加注到200，第三个玩家只能加注到300，第四个玩家只能再加注到400，400为这一轮的最高下注额，后面的玩家只能跟注不能再加注。第三轮和第四轮下注过程中每次加注只能加200，如第一个玩家下注200，第二个玩家只能加注到400，第三个玩家只能加注到600，第四个玩家只能再加注到800，800为这一轮的最高下注额，后面的玩家只能跟注不能再加注。

Pot Limit：彩池限注德州扑克，指每轮下注过程中，下注额有一定限制，如果要加注，最多只能加彩池数量的筹码。

No Limit：无限注德州扑克，是指每轮下注过程中，下注额上限没有限制，但如果要加注，加注额不能小于前面玩家的加注。例如，你前面的玩家下注10，你可以加注到50，你后面的玩家若要再

德州扑克基础知识

加注，则最少要加注到90，当然他也可以加注到100或200，甚至全下。无限注德州扑克是一种风险更大但更富挑战和性刺激性的游戏，目前比较流行的玩法都是无限注的。

以下是几种无限注德州扑克的游戏形式。

MTT： Multiple Table Tournament的缩写，意为多桌锦标赛。世界大型扑克赛事都采取这种比赛形式，如前文提到的WSOP。MTT参赛人数多，比赛周期长，但前几名的奖金回报率极高。MTT比赛的盲注会随着时间增长，还会有底注（其他比赛也是如此）。每桌6~10位选手，当人数减少时会合桌，直到决出最后的冠军。

SNG： Sit and Go的缩写，意为"坐下开"，也叫STT（Single Table Tournament），即单桌锦标赛。这种比赛在网上扑克室非常流行，凑齐人数就自动开始，通常有6人桌、9人桌和10人桌的比赛。玩家输掉筹码后就离开，直到决出最后的胜利者。以9人桌为例，奖励分配为：冠军拿总参赛费的50%，第二名拿30%，第三名拿20%。

WTA： Winner Take All的缩写，类似SNG，但是冠军拿到所有的奖金。从策略上，WTA比SNG更凶狠。

DON： Double or Nothing的缩写，类似SNG，但是一半选手获得奖金，一半选手没有奖金。以6人桌举例，假设买入是10+1美元（加号后面是服务费），前3名比赛后都拿到20美元，后3名则没有奖金。从策略上，DON比SNG更紧一些。

Heads Up： 单挑。两个玩家一对一。由于只有两个人，拿到一手大牌的可能性很低，所以可以玩得凶些。

德州扑克　战术与策略分析

　　Cash Game：现金游戏。网络扑克室最流行的游戏形式，一桌有两个人就可以开始，最多容纳10个人，可以随时加入随时离开，筹码减少可以继续添加。

　　现金游戏和比赛最大的不同就是现金游戏的筹码代表其真实的价值，如1美元的筹码就等价于1美元，而比赛的筹码仅仅是个计量单位。以SNG和Cash Game对比来说，假设你参加10玩家$200+10美元买入的SNG，在交完服务费后，你的$200转化成2000（比赛中的筹码）。那么，每个筹码值10美分。

$0.10=$200/2000筹码

　　而如果你赢得了比赛，你拿到了所有20000筹码的奖励是$1000，而不是$2000，也就是说每个筹码贬值成5美分：

$0.05=$1000/20000筹码

　　筹码价值的差异是因为尽管被淘汰的人没有奖励，但是第三名和第二名赢了钱。如果比赛规定第一名赢所有的钱，那么每个筹码恒为10美分。

　　虽然德州扑克的规则是一致的，但是针对不同形式游戏采取的策略不同，在很多人看来，现金游戏和比赛是两种截然不同的游戏，即便都是比赛，MTT和IDON的差别也很大。所以，选择一种适合自己的游戏形式十分重要。

德州扑克基础知识

 德州扑克的误解

20世纪八九十年代，我国香港赌片开始在内地流行，在这些电影中，牌技几乎与千术画上了等号。这些赌片甚至影响到了外行对德州扑克的理解，很多人一看到筹码就认为这是赌博。其实，对德州扑克中的误解比比皆是，不只是外行，初学者甚至很多老玩家都存在一些错误的认识。下面这10个误解是其中的典型。

1. 扑克是非法的

谬论无法掩盖事实。在美国，政府认为扑克是一项竞技游戏。虽然在某些行政辖区用扑克赌钱是违法的，但是，与朋友玩扑克，或玩扑克谋生丝毫不触犯法律。

2. 学扑克需要很长时间

这个说法在现在并不成立。Doyle Brunson的《超级系统》可以帮助人们快速学习扑克，今天，像职业牌手那样玩扑克比以往任何时候都简单。现在有大量的书、软件、DVD，以及很多有效的学习工具可供人们学习使用。

3. 扑克充满诈唬

事实上，这是刚开始玩扑克的"菜鸟"最容易犯的错误之一。职业牌手会用强牌创造最大的价值，而把弱牌的损失降到最低。"诈唬"作为你的一个工具应该只是偶尔用用，这样才会更有效。

4. 扑克是男人的游戏

最近，我们看到越来越多的女性玩家，她们或者作为业余爱好者，或者作为职业牌手参与德州扑克。世界最好的牌手之一Jennifer Harman就是一位女性，她经常在世界上最大的现金游戏中获胜。

5. 在线扑克是充满黑幕的

有些人从不在自己身上找原因，总是怨天尤人。在没有网络扑克前，他们会因为自己的运气不好抱怨发牌员。现在，网络扑克室成为了新的受害者，那些总是抱怨的玩家开始归咎于计算机程序，而不是他们的技术缺陷。

6. 扑克就是赌博

大多时候，扑克和赌博被认为是同义词。虽然扑克可以用来赌博，但它本质上是一种竞技游戏。世界冠军老邱说："赌博不是形式，而是态度"。以锻炼思维、结交朋友为目的，以轻松的心态参赛，用智慧和勇气争夺冠军，这就是一种健康的竞技游戏。

7. 无限注德州扑克是最讲究技术的扑克形式

有一种扑克比无限注德州扑克更需要技术：彩池限注德州扑克。彩池限注德州扑克会让优秀玩家获得更大的优势，因为它会阻止"菜鸟"们拼命全下。彩池限注德州扑克会促成更多的要求精确计算的翻牌后局面。

8. 扑克是个拼运气的游戏

很多人仍然相信这种错误观点。这种误解来自那些不理解扑克或者不会在扑克上计算的人。世界上有成千上万的技术优秀的职业扑克选手，他们使扑克与其他赌场游戏与众不同，如21点的职业玩家。

9. 我总被Bad Beat

如果你参加过现场比赛，你会发现被淘汰的玩家做的第一件事就是找人讲述他的悲惨故事，这是弱者的表现。弱者总是在找各种理由为他的能力找借口，而从来不承认技术上的缺陷。如果你想成为一位强者，请多反思自己的错误，而不是总讲同样情节的Bad Beat故事。

10. 你需要一张扑克脸

这可能是最根深蒂固的误解了。人们通常相信你需要一张扑克脸才能获胜，如果你看过WSOP的电视节目你就知道，世界上很多优秀的玩家在比赛中总是嘻嘻哈哈的，Daniel Negreanu就是最典型的例子。

德州扑克在中国

虽然华裔德州扑克玩家Johnny Chan在1987年和1988年连续获得了两次WSOP冠军，但是德州扑克进入中国还是在2007年。

德州扑克　战术与策略分析

2007年，中国内地第一家德州扑克游戏平台巴巴吧扑克正式上线，中国德州扑克玩家第一次体验到了在线德州扑克的乐趣。

2008年，网上出现了很多德州扑克比赛和游戏的视频，如WSOP和高筹码扑克，中国德州扑克玩家可以坐在电脑旁欣赏德州扑克高手精彩的牌技。

2008年3月，中国第一家线下德州扑克俱乐部厚敦之星在京成立。

2008年4月，中国广西籍玩家老邱获得WPT冠军，并取得340万美元的奖金，赛后老邱披着五星红旗的照片让人振奋。

2008年12月6日，中国第一届德州扑克现场赛事"巴巴吧德州扑克嘉年华"在北京举行，吸引了102位来自全世界的德州扑克爱好者。

2009年，全国各大游戏平台陆续推出了德州扑克游戏，甚至连一些搜索引擎和SNS平台也有了网页版的德州扑克，德州扑克成为大学生和白领新的社交游戏。

2010年，中国第一本德州扑克教学书籍《德州扑克入门与提高》出版。

2011年，中国第一档德州扑克电视节目《疯狂德州》在GTV网络频道开播，主持人为本书的作者赵春阳。

2012年，首届WPT中国赛在海南三亚举行，日后成为中国最大的德州扑克赛事。

2013年，苹果和安卓客户端出现了多款德州扑克游戏，德州扑克正式进入移动端。

2014年，中国玩家郭东在WSOP主赛事获得29名。

2015年，第一本正式引进的国外德州扑克书《德州扑克小绿皮书》出版。

相信随着我国经济的进步和观念的改变，会有越来越多的人热衷于德州扑克，那时，中国人获得WSOP的冠军也就不只是梦想了。

习题1

习题1.1：看一部关于德州扑克的电影。

习题1.2：看几集德州扑克真人秀的电视节目。

习题1.3：你当发牌员，找几个朋友玩玩德州扑克。

习题1.4：参加3场线上德州扑克的免费比赛。

习题1.5：总结自己的打法，确定你以后主要参与的游戏形式。

习题1.6：解释下列名词。

　　　　底注　主导　抽牌　边牌　枪口位置

习题1.7：比较以下几组牌的大小。

第一组：玩家A的底牌：9♣8♠

　　　　玩家B的底牌：A♣J♣

　　　　公共牌：7♣3♣T♠6♥2♣

第二组：玩家A的底牌：6♥2♥

　　　　玩家B的底牌：A♥7♣

　　　　公共牌：4♥3♥T♥5♥2♣

第三组：玩家A的底牌：Q♦Q♠

　　　　玩家B的底牌：A♠J♣

　　　　公共牌：K♥K♥K♣K♠2♦

第四组：玩家A的底牌：9♥9♠

　　　　玩家B的底牌：J♠3♣

　　　　公共牌：A♦A♥K♣K♠4♠

答案

习题1.1~1.6略。

习题1.7：第一组玩家B大，第二组玩家A大，第三组玩家B大，第四组玩家B大。

德州扑克基本理念

　　如果你读过几本扑克教程，还玩过一段时间无限注德州扑克，你可能不需要阅读本章。如果你刚开始玩德州扑克，或者这是你阅读的第一本扑克教程，你应该非常仔细地阅读本章，最好读两遍以上。虽然大部分玩家不太在乎像期望值和彩池赔率这样的概念，但是这些概念是成为高手必须跨过的障碍。

　　本章包含一些数学知识，但没有超过中学的范围。扑克不是数学题，引入数学是为了帮助大家理解基本概念并培养敏锐的目光，使你能够看清局势和隐藏其中的逻辑关系。

　　让我们开始吧。

德州扑克 战术与策略分析

 # 扑克四大定律

扑克有很多规律，德州扑克比赛专家，1995年WSOP冠军Dan Harrington认为有4条最基本的定律，我们称之为"扑克四大定律"。这些定律不仅适用于无限注德州扑克，它们还是所有扑克游戏的基本原则。高手对这些原则理解得非常深刻，而且这些原则是合理且全面的打法的基石。当我们分析本书的牌例时会反复用到它们，但是现在，我们用理论形式表述。

定律1：牌力定律

> 通常，你应该下注强牌，观让中等牌，放弃或诈唬弱牌。

这个定律的每一点都很好理解，但是让我们快速重温一下其中的缘由。

1. 很明显，当你非常可能获胜的时候你希望通过下注你的强牌建立更大的彩池。

2. 你想观让中等牌是因为你对你的下注是否能得到回报没有把握。

3. 放弃弱牌的原因显而易见，用弱牌来诈唬可能就不那么容易理解了，这么做是因为一旦你用弱牌诈唬成功，你就从没有价值的牌那里获得了利益。而如果你用有价值的牌（如一个中对）诈唬输了，你就失去了那些牌本来拥有的价值，这就是我们应该用弱牌诈唬，而不应该用有价值的牌诈唬的原因。

定律2：进攻定律

> 通常，进攻（下注或加注）比保守（观让和跟注）更好。

进攻提供两种获胜方式：对手弃牌和摊牌获胜。保守只提供一种获胜方式：摊牌获胜。两种获胜方式比一种获胜方式更好。我们把因为对手弃牌而获得的价值称为弃牌收益，有时缩写为FE（Fold Equity），扩大弃牌收益是无限注德州扑克的关键组成。

定律3：下注定律

> 通常，一次成功的下注必须做到下列3件事中的一件：迫使强牌弃牌，使得弱牌跟注，造成抽牌赔率不合理。

下注可以通过3种方式赢利。如果你能把较好的牌赶出彩池，你就赢得了本应该输掉的一手牌；如果你使较弱的牌跟注，你就可以赢得更多的筹码；如果对手在抽牌，你要让他付出更大的代价。如果你认为下注不能达到上面3种效果中的任何一种，那么请不要下注。

定律4：欺骗定律

> 不要总做同样的事情。

如果你想成为一个成功的牌手，你必须始终让你的对手猜不透你拿到的底牌和你下注的意义。为了达到这个目的，你必须确保你的行动有多种解释。

请牢记这四大定律，我们继续讲一些基本概念。

 读牌

你的底牌是T♦T♥，翻牌是K♥T♣6♦，经过一番加注与反加注，对手全下，全场都在等着你的行动。你盯着对手，想了半分钟后，说："你是KK，没错吧？"然后你扔了你的暗三，对手把底牌亮出，果然是KK。

以上的场景不是电影中的情节，也不仅仅存在于幻想中，这样的事情在德州扑克的世界里每天都会发生。

假设你完全知道对手手里是什么牌，那么你可以扔掉一手强牌，因为你知道对手的牌比你还强；你也可以坚持一手弱牌，因为你知道对手的牌比你还弱，做到这两点你就可以战胜任何人。1989年WSOP冠军扑克顽童Phil Hellmuth有个著名的"锦标赛三七法则"，即比赛的胜负与否三分看牌（比赛技术和数学理解），七分看人（对对手的观察和分析）。一切数学计算都建立在对对手底牌的推断上，读牌能力是德州扑克的核心技术。读牌技术虽然是德州

德州扑克基本理念

扑克诸多技术中是最难的,但同时它也是最令人着迷的,有时,猜出对手底牌比赢得一个大彩池更让人兴奋。

读牌建立在观察和分析的基础之上,是通过信息收集和研究推理得出的结论,采用的是归纳法(收集)和演绎法(推理)。每个牌手都有自己的规律,包括习惯动作和打牌方式,我们要做的就是收集这些规律然后做出判断。举两个最简单的例子,你观察到,一个对手之前5次拿到AA都舔了舔自己的上嘴唇,而拿到其他底牌他都不会这么做,那么我们有理由相信他第六次舔自己的上嘴唇很可能也是拿到了AA;或者,你发现之前5次对手拿到AA都下注5BB(BB即Big Blind,大盲注),而其他底牌不会下这个数目,那么你也有理由相信他第六次下5BB很可能拿到了AA。现实中的读牌比上面说的这两种情况复杂得多,但是读牌的方式不外乎这两种:身体语言和打牌方式。

身体语言包括面部表情和身体动作。如果你看过Matt Damon主演的电影《天才游戏》,其中的一个场景你一定记忆犹新:Matt Damon的对手每次拿到一手大牌都喜欢拿起一块饼干,放到耳边听一下,然后弄碎,吃掉。Matt Damon第二次看见他做这样就果断地放弃了弱于对手的好牌,气的对手把出卖了他的饼干扔到一边。Matt Damon用自己的实际行动证明了对圣斗士用同样的招数是没用的。现实中可没有这么简单,参加现场比赛的大多数玩家都是面无表情的扑克脸,很多人还带着墨镜和帽子,甚至是口罩,把自己裹得严严实实的。但是高手通过细心观察还是可以发现一些人的身体语言,如前文提到的Hellmuth,他的一个比较著名的习惯动作就是当他诈唬的时候他会用双臂环抱自己的身体，仿佛给自己一个拥抱，求得安心。大多数玩家不会有Hellmuth的水平，所以他们的习惯动作更多，你只要细心观察，就会发现他们的破绽。但是要注意，同样的动作对不同的对手可能意味着不同的含义，即便是同一个对手，当你知道他的习惯动作后，他会通过这个动作反作用你，让你以为你知道了其中的玄机，而事实正好相反。优秀的牌手同时也是个好演员。

在网络扑克里，你无法观察到对手的身体语言，但是你可以更好地记录他们的打牌方式。在现场扑克中你只能凭借记忆记录对手，但是在电脑面前，你可以用笔记录。每个人记录对手的方式不同，我在这里只介绍我的记录方式。我主要记录两点：一是参与彩池的频率；二是下注的方式。下面是我玩在线SNG比赛的时候对两个玩家的记录。

对玩家Bob的记录：

Bob（10%）			翻牌前		翻牌后	
筹码	盲注	位置	下注	底牌	下注	牌型
2000	40	UTG	40	KK		
1800	40	UTG	40	AA		
1600	200	BB	All Call	AK		
2000	100	SB			1/3	抽花
1800	100	BB			POT	超对
1000	400	MP1	All	K9		

德州扑克基本理念

对另一位玩家Ted的记录：

Ted（30%）			翻牌前		翻牌后	
筹码	盲注	位置	下注	底牌	下注	牌型
2000	40	MP3	120	A7		
2400	100	Button	400	66		
1800	100	SB			1/2	中对
1300	200	UTG	All	AJ		
1600	200	SB			ALL	顶对
1000	200	MP2	All	77		

第一行第一列的Bob(10%)和Ted（30%）指玩家的ID和参与彩池的频率。从第三行开始前3列分别记录玩家行动时的筹码数目、当时盲注、玩家位置；第四列和第五列记录玩家翻牌前的下注和底牌；第六列和第七列记录翻牌后玩家的下注和牌型。注意，第四列采用的单位是筹码，而第六列采用的单位是彩池，这是牌手间约定俗成的表达方式。对Bob的记录采用了"All Call"，意思是别人跟的时候他全下了，这不是标准的记录方式，只是我自己的记录习惯，实际上你也不需要什么记录标准，自己能看明白就可以了。

对比Bob和Ted两位玩家，我们大致上可以得出Bob比Ted更保守些，你要尊重他的加注，而对于Ted你可以大胆些。还有一些量化的统计，如同样的位置和盲注，筹码也相差无几，Bob在UTG拿到AA和KK都选择了跟注，那么你就要注意了，盲注很小的时候他在枪口位置跟注很可能意味着他有大口袋。你得出的结论会随着数据越来越多变得越来越接近真实，这就是高手读牌的秘诀。

对手亮牌或摊牌是你记录的好机会，但是你一定要区分这两种行为的不同，摊牌是被动的，亮牌是主动的。通常情况，对手摊牌代表他的真实打法，而亮牌除了有些"菜鸟"用来炫耀自己的牌技外，更多的是用来迷惑对手，让对手以为自己会以亮牌这手牌的打牌方式来打牌，然后他们会变换方式。举例来说，对手用不同花的27成功地诈唬赢得一个彩池后，亮出自己的底牌，他的言外之意是："我是个很喜欢偷的玩家，不用尊重我的加注。"但是他很可能从此变得谨慎，拿到大牌后才加注。德州扑克的高手都是善于变化的。对于初学者，如果你没有明确的目的，不要亮牌。

　　在网络扑克中，你有时候可以通过对手的思考时间来判断对手的底牌，如一手牌对手想了很久才跟，那么很有可能是因为他有一手很难判断自己能否获胜的牌，这种两难的境地才使他犹豫。当然，一切规律都可以反作用。

　　有时候你没有时间来详细记录，特别是现场比赛中，如果你带笔和本子记录每局牌，对手会嘲笑你。你只能凭记忆记牌，这对很多人来说不容易，初学者可以从只记录左右两个玩家开始，因为你常常要和他们战斗，慢慢的，你会记住越来越多的人。你也可以在初学的时候只把玩家简单地分为4种：TAG(Tight and Aggressive)即紧凶型玩家，TP(Tight and passive)即紧消型玩家，LAG(Loose and Aggressive)即松凶型玩家，LP(Loose and Passive)即松消型玩家。松与紧指的是玩家翻牌前的风格，凶猛和消极指的是玩家翻牌后的风格，对于不同的玩法你要采取不同的策略，如对于比较紧的玩家你要尝试诈唬他，对于比较凶的玩家你要尝试给他挖坑或Check-raise。通常的高手都是紧凶型玩家。

在观察对手的同时，你也要观察自己，你是否有习惯动作？你下注有无规律？如果有，要么改正它们，要么反作用它们。不要让对手利用你的习惯和规律，尝试改变自己，确保自己的每次行动有多种解释。

一手牌的要素

初学者经常会问："AJ强不强？"这是个任何有经验的牌手都无法回答的问题，或者说，这根本不是个问题，这个问题和讨论"300这个数大不大"一样没有意义。底牌只是影响一手牌强弱的诸多因素之一，我认为决定一手牌的强弱有以下10个要素。

1. **游戏形式**。不同的游戏形式决定着不同的策略，如现金游戏是赢取筹码的游戏，而比赛是生存的游戏。

2. **玩家数目**。通常，玩家数目越多玩家越紧，玩家数目越少玩家越松。

3. **玩家筹码**。通常，在比赛中筹码越少玩家越松，但是筹码多不代表一定会紧，因为大筹码输得起。

4. **玩家位置**。在德州扑克里，位置有时候比底牌重要，通常，后行动的位置更有优势。

5. **玩家风格**。你要清楚对手的风格，针对不同的对手采取不同的策略，如对于磐石玩家（拿到很大的牌才会行动的玩家）就要多偷他，对于进攻性很强的玩家就要设置陷阱。

6. **对手眼里你的风格**。你的风格会影响对手的决定，而这些决定会反作用于你。例如，你在对手的眼里是个谨慎的玩家，那么他们会尊重你的加注，当你被反加注了，证明他们的牌肯定不弱，这时候你要多想想自己的牌力究竟够不够强。

7. 盲注。现金游戏的盲注是不变的，但是在比赛中盲注会不断增加，甚至会有底注，盲注是玩家的生存线，你要清楚盲注对你构成的威胁。

8. 底牌。底牌是你不得不考虑的因素，但是要注意，不要迷恋底牌，哪怕它们是AA。

9. 公共牌。不要因为公共牌对你有很大帮助就过分高兴，因为它们可能同时也帮助了你的对手；同理，不要因为公共牌很差就懊恼，因为你的对手可能比你更不想看见它们。

10. 下注情况。下注情况是你了解对手底牌的一个重要信息，但同时它也很迷惑人。不要以为对手下一个大注就意味着他的底牌很强，反之亦然。

我们在做一个决定前，要综合这10个因素，随着你水平的不断进步，你会对它们理解得越来越深刻。

期望和期望值

在生活中，你做的每一个投资都希望得到回报，期望值就是你认为的（或你计算的）一次投入最终可以获得的平均价值，简称EV（Expected Values）。

以抛硬币的游戏来说明期望值的概念。假设我和你玩一个抛硬

德州扑克基本理念

币的游戏，我抛硬币，你猜正反面，每猜一次你要花1元钱，猜对了我给你1.5元，猜错了你一无所获，你玩吗？当然，你也许会为了游戏的快乐宁愿赔钱也要玩，但是我们这里假设你是以盈利的目的来考虑的。凭借经验你肯定会说不玩，原因就是期望值是负的。

50%的情况你会赢，赢可以获得1.5元-1元=0.5元，你平均能赢0.25元。

$$0.25 = 50\% \times 0.5$$

50%的情况你会输，输要失去1元，你平均要输0.5元。

$$-0.5 = 50\% \times (-1)$$

所以你的期望值为-0.25元。

$$EV = 50\% \times 0.5 - 50\% \times 1 = -0.25$$

也就是说，你每玩一次要赔0.25元，所以，你不应该和我玩。

下面我们再来计算一下在中国非常流行的一种彩票玩法的期望值。这种玩法很简单，3个号，每个号从0到9，组成3位数（首位和第二位可以是0），如果你猜中了这个3位数，那么你就中奖了。每张彩票2元钱，猜对了得到1000元钱。

1/1000的概率你能赢，能赢1000元-2元=998元，你平均能赢0.998元，999/1000的概率你会输，要输2元，你平均要输1.998元，所以你的期望值是0.998-1.998=-1。也就是说，你每买一张这种彩票，你要赔一元钱，或者说你买这种彩票要赔一半的钱。

一个优秀的扑克玩家用同样的方式思考手中的牌。他们从各种选择中做一个快速计算（或者估算），选择期望值最高的打法作为最后的决定，见牌例2.1。

牌例2.1

你在玩小筹码无限注德州扑克游戏,你的底牌是

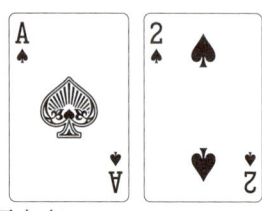

转牌出现后,桌面上有

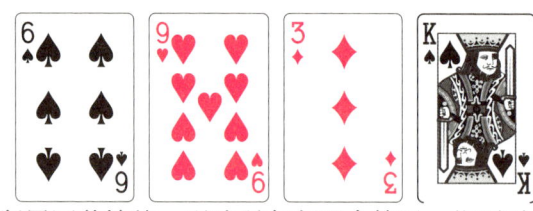

你有坚果同花抽牌,彩池现在有50个筹码,你面对一个紧消型(TP)的对手。现在你只剩下20个筹码,你的对手还有很多。他下注20个筹码,你必须用剩下的所有筹码来跟。从他的打法来看,你相信他下注一定有非常好的牌,至少是两对或三头。你的选择只有跟牌或弃牌。你应该怎么做?

这个问题很简单,不管怎么做,你跟注后这局牌都结束了。下注后,你的输赢取决于河牌是什么。如果是黑桃,你就赢了,如果不是黑桃,你就输了。为了做决定,我们要计算每种打法的期望值,我们会选择期望值较高的打法。

我们从弃牌开始分析,因为弃牌的计算最简单。如果你弃牌你不会输钱也不会赢钱,因此你的期望是0。

这时你可能会顾虑你已经扔进彩池的那些筹码,但是彩池里的

德州扑克基本理念

筹码只属于彩池，不管它是谁扔进去的。每个决定都是新决定，在这手牌没结束前彩池里的筹码不属于任何人。

让我们看看你跟注的情况，这有点复杂，扑克牌有13张黑桃，现在你看到了4张，两张在你手上，两张在桌面上。扑克牌一共52张，你看到了其中6张，这意味着还剩46张没出现，其中9张是黑桃，37张是其他花色。所以河牌出现黑桃（赢）的概率是19.6%。

$$0.196 = 9/46$$

不出现黑桃（输）的概率是80.4%。

$$0.804 = 37/46$$

在我们继续前，让我们把这两个数近似为20%和80%。在德州扑克里，我们计算的时候很少做到绝对精确。相反，我们欢迎那些快速而简单的近似值。在绝大部分情况下，近似值能带给我们和精确值一样的答案，却能为我们节省时间和精力。

所以20%的情况我们会赢，得到70个筹码（彩池里的50个筹码加上对手的20个筹码）。你平均能赢14个筹码。

$$14 = 20\% \times 70$$

我们输的时候会输20个筹码，平均损失16个筹码。

$$-16 = -80\% \times 20$$

现在我们计算跟牌的期望值。因为跟牌后有两种可能，所以我们的期望值，是两种可能的和，即-2个筹码。

$$-2 = -16（输的时候）+ 14（赢的时候）$$

也就是说，每次跟注都要输掉2个筹码。

现在我们能够回答我们最初的问题了：跟注还是弃牌？跟注每

次损失2个筹码，弃牌不损失，所以弃牌更好。弃牌不会赢钱，但是可以输得更少。

扑克里的每个决定都有期望值，简单的情况，就像上面的例子，一个优秀的选手可以在头脑中得出答案，更多的复杂情况，你要通过估算做出决定。你始终要选择可以使你获得最高期望值的打法，如果有两种期望值都为正的打法，你也要选择期望值较高的打法，因为少赢筹码等于输掉筹码。

彩池赔率

遇到牌例2.1的情况，实际上还有一条捷径来快速做出决定，那就是比较彩池赔率和胜负比率。

彩池赔率是一个简单但极实用的概念，彩池赔率就是彩池里的筹码与需要跟注的筹码的比值。在牌例2.1中，彩池里有70个筹码，你要花20个筹码来跟，所以彩池赔率是70：20，或者3.5：1。

一旦你知道彩池赔率，你可以通过比较彩池赔率和胜负比率来决定是否跟注。如果彩池赔率比胜负比率好（即高），跟注可以赚钱；如果彩池赔率比胜负比率差（即低），那你不值得去冒险，你应该弃牌。

在牌例2.1中，你有9张牌可以使你获胜，37张牌可以使你被击败。所以胜负比率是37：9，即略高于4：1。彩池赔率（3.5：1）比胜负比率低，所以你应该弃牌。

下面是另一个例子。

德州扑克基本理念

牌例2.2

你拿着

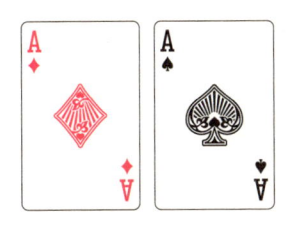

桌面上有

彩池现在有150个筹码,你还剩50个筹码,你面对两个对手,一个玩家还剩200个筹码,另一个玩家剩100个筹码。剩200个筹码的玩家全下,第二个玩家跟。你该怎么办?

首先,因为你只剩下50个筹码,所以,现在的局势和第一个玩家下注50个筹码第二玩家跟注一样。彩池现在有250个筹码,跟注要花50个筹码。其余的钱将进入边池,不属于你。

所以彩池为你提供了250:50,或5:1的彩池赔率。你的胜负比率比这个更好吗?让我们来看看。

有4张梅花在桌面上,第一个玩家下注实际表明他有一张梅花在手里,而且非常可能是高梅花(如果他没有梅花,他面临两个对手,没有好机会他不会下注的)。第二个玩家暗示他也有一张梅花。现在你非常可能面临两个有同花的玩家,而你只有三头A。

但是你不一定会输。不管你面临多少个拿着同花的玩家，你仍然可以通过击中四头或葫芦获胜，而且你可以精确计算使你获胜的河牌有多少张。你可以抽3张2，3张7，3张Q，还有1张A。一共10张牌可以使你获胜。

还有46张牌没发下来，其中10张可以使你获胜，36张使你被击败，36∶10的胜负比率。3.6∶1比5∶1的彩池赔率要低，所以你应该跟注。你获胜的概率不大，但是一旦获胜，将赢得很多筹码。

如果你看得比较仔细，你会注意你的实际胜负比率比计算结果要好。所有的梅花都不会帮助你，因为桌面上都是梅花。你相信你的对手至少有两个你不想要的梅花。所以只有34张牌你不知道，里面仍然有10张胜牌。你的实际胜负比率是34∶10，也就是3.4∶1。如果这是你自己想出来的结论，你已经具备了成为扑克高手的某种潜质。

表面赔率和隐含赔率

让我们进一步了解彩池赔率的概念。德州扑克里的彩池赔率实际上有两种：表面赔率和隐含赔率。表面赔率就是我们之前看到的那种赔率。你下注，这局牌就结束了，不会再有更多的行动。你或赢或输，而且你精确地知道你能赢多少：就是目前彩池里的那么多。

隐含赔率要复杂些。假设你的对手下注，但是这个下注不会逼你全下。如果你跟注，这手牌还可能有其他的行动。如果你击中了你的牌，你在后面可能会再赢些筹码；如果你错过了你的牌，你不会再投入了。隐含赔率是彩池提供的后续行动的收益。

表面赔率可以直接计算，但是隐含赔率需要根据经验估算。你需要估计类似问题的答案：

· 如果你击中了你的牌，你的对手会跟你接下来的下注吗？

· 他会跟多大的下注？

· 如果有很大可能性他会跟一个小注，很小可能性他会跟一个大注，那你应该下多大的注？

牌例2.3

无限注德州扑克现金游戏。现在你拿着

桌面上是

你还有500个筹码，你的对手也有相同数量的筹码。彩池现在有180个筹码，你的对手下注100个筹码。你确定翻牌让他组成了对A。你应该跟注还是弃牌？

通过牌例2.2我们知道现在还有46张牌没看，9张牌可以使你获胜，37张牌使你被击败，所以我们有37：9的劣势击中胜牌，或者说大约4：1。对手下注后彩池有280个筹码，跟注要花费我们100个筹码。彩池提供的表面赔率是280：100，或者说2.8：1。单就这点看，我们不应该跟注。因为我们有4：1的劣势。

但是，如果你跟注了100个筹码，还会有一轮下注。在河牌圈，彩池有380个筹码（180加上他的100再加上你的100），你和对手都剩下400个筹码。河牌对手可能会下注，甚至是全下。这是我们的优势，因为除非我们拿到了同花否则我们不会全下。如果河牌没有红桃，要么他下注我们弃牌，要么他不下注我们摊牌。即使两种情况我们都输掉彩池，但是我们不会输更多的钱。

但是一旦河牌出现红桃，会有下列几种可能：

- 他下注，我们加注，他跟或不跟。
- 他让牌，我们下一个小注，如100个筹码。他有4.8：1的彩池赔率，这是个非常好的赔率，所以他跟。
- 他让牌，我们下一个中等数量的注，如200个筹码。现在他只有2.9：1的赔率，所以他跟注的可能性不大。但是他也可能跟。
- 他让牌，我们全下。现在他只有2：1的赔率，所以他跟注的可能性非常小。但是仍然有可能他会跟。

现在的事实是，我们不知道同花对我们来说值多少个筹码，这是因为我没有给你提供这个对手的任何信息，除了他有一对A。他是个不喜欢被赶出彩池的松手好战分子吗？如果这样，他可能会跟

德州扑克基本理念

注,甚至跟一个大注。他是个遇到加注就弃牌的胆小鬼吗?如果这样,他可能会放弃这个彩池。他善于读牌吗?如果这样,我们的同花就可能失去它的价值。

在不知道我们对手的情况下,我们有理由认为我们会在河牌有所收获。让我们估计一下河牌的加注,如果我们击中红桃,那可能会收获100~150个筹码。

现在我们回到转牌跟注的问题上,看看新估价对决定的影响。现在,彩池有280个筹码,花费我们100个筹码来跟。我们有2.8:1的表面赔率,低于我们4:1的劣势。

但是我们知道我们会在河牌赢得额外的100~150个筹码,而不会再输任何钱。

- 如果我们额外赢100个筹码,我们的隐含赔率是380:100,或3.8:1,仍然有点少。
- 如果我们额外赢150个筹码,隐含赔率就是430:100,或者4.3:1。非常合适。

看起来差不多,怎么办?在差不多的情况,我选择参与彩池。在转牌跟注,如果红桃出现在河牌我就下200个筹码。这么做我不会犯大错,而且还有可能获得很好的回报。

在近似的决定中,你应该选择能给你建立积极形象的打法。一个容易兴奋,喜欢下注,喜欢跟注的积极的牌桌形象要比那些非要拿到坚果才全下的磐石玩家形象有益得多。

计算出牌

翻牌后,你经常发现自己处在需要增强自己牌力才能获胜的境地,可以增强你的牌力使你获胜的牌叫作"出牌"。翻牌或转牌后评估出牌个数是一项重要技术,如果你能计算出你的出牌,你就能知道你现在有多大的劣势,并知道彩池赔率是多少才值得跟注。

统计出牌包括计算和估算,有时候像是出牌的牌实际上并不一定是出牌。例如,你在抽顺,而你的对手在抽花,可以使你凑成顺子的那些牌同时也会使他凑成同花。另一种情况,如果你的对手表现得很强硬,但实际上他在诈唬,你根本不需要出牌。

牌例2.4

下面这手牌是一个计算出牌的小例子。

翻牌前你在中段位置,你拿着

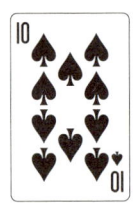

你加注,一个对手在后段位置跟。

翻牌是

德州扑克基本理念

你让牌，你的对手下注。现在你什么都没有。多少出牌会使你获胜？

第一点要注意的是你对手的牌有多种可能。翻牌你决定让牌是示弱的表现，所以对手下注可能是种偷底尝试。也可能他真的击中了翻牌。让我们罗列一下对手可能拥有的牌，看看每种情况我们有多少出牌。

- **对手有一手大牌。**他可能击中了两对或暗三。这种结果的可能性不大，但是我们不能忽略。在这种情况下你需要顺子或同花才能取胜。你现在的牌叫作双卡抽顺；也就是说，你需要一张K组成高内嵌顺子，或者一张9组成低内嵌顺子，有4张K和4张9可以帮助你，所以你的双卡抽顺出牌总数是8。你还有一个后拉同花，转牌和河牌都发出黑桃你能抽到同花。转牌出现黑桃的机会是10/47，接着在河牌出现黑桃的机会是9/46。一个简单的算法是在转牌出现的10张黑桃里，只有其中的两个在河牌会形成同花，所以一共大约有2张后拉同花出牌。现在一共有8张顺子出牌，2张同花出牌，总计大约10张。

但是这并没有完，因为我们击中的出牌可能会增强对手的牌力。例如，如果对手现在有一个三头，转牌或河牌与桌面上的牌组成一对都会使其形成葫芦。如果对手有三头，大约有30%的机会会增强牌力，如果对手有两对，大约有20%的机会。算上这点，我们要把出牌的数量从10减到7.5或8。

- **对手有对A**。这种情况发生在对手用Ax跟注并在翻牌上形成了对A。我们仍然需要增强牌力才能赢，所以和前面的例子相似，只是一旦我们形成了顺子或同花，对手想击败我们就非常难。这种情况我们把出牌认为是10张。
- **对手有对J**。对手的底牌可能是KJ或JT，在翻牌击中了中对，并认为你的让牌表示你没有A。除了前面有的10张出牌，Q现在也为我们提供了3张，总计13张。
- **对手有低对**。对手可能有对9或者对7这样的牌，他认为现在是拿下彩池的好机会。在这种情况下，3张T也是你的出牌，一共16张。

注意，现在我们进入了灰色地带。在最后一种情况，T无疑是我们的出牌，可以让我们获胜。但是如果你击中了T，你仍然无法确定你的牌是否最好。Q的情况稍好，但也存在类似的问题。除了顺牌很明朗之外，其他的都很模糊。

与我们前面给出的牌例相比，牌例2.4更像现实世界中的牌局。在现实牌局中，你不得不分析对手下注或让牌的含义，并据此调整你的出牌数目。在牌例2.4中，我们分析了顺子、同花、对牌的可能性，10张出牌是个不错的平均值。我们决定把这个数目作为是否玩下去的依据。

记住，优秀的打法是一种平衡行为，考虑众多因素，权衡彼此，对所有情况加权平均后得出的打法。

| 德州扑克基本理念 |

作为帮助，这里有一张常见出牌表：

出牌数	抽牌
4	两对抽葫芦或内嵌抽顺
6	两超牌抽对
8	两头抽顺
9	抽花
11	抽花加对抽三头
12	抽花加内嵌抽顺
15	抽花加两头抽顺

这里有个小窍门，14张出牌将比成牌优势更大。

四二法则

如果你知道你有多少张出牌，并且想快速粗略地估计你获胜的概率，那么请用四二法则。

> 4法则：有两张牌要发，如果看到底，你的胜率等于出牌数乘以4。

举例来说，如果翻牌后你有6张出牌，你的胜率是24%。

> 2法则：有一张牌要发，你的胜率等于出牌数乘以2。

举例来说，如果转牌后如果你有9张出牌，你的胜率是18%。

当还有两张牌没发时，我们可以用所罗门法则得出更精确的百分比。

> 所罗门法则：有两张牌要发，如果看到底，你的胜率等于出牌数乘以4，再减去出牌数减8。

例如，你有14张出牌，你的胜率近似为50%。

$$50 = 14 \times 4 - (14 - 8)$$

资金管理

资金管理可能是最简单的一项技术，因为其他技术是告诉你要做什么，而资金管理是告诉你不要做什么，不去做什么比做什么相对要简单。但是不要以为它简单就不重要，相反，资金管理可能是最实用的技术。

我们平时经常听说"不要把所有鸡蛋放到一个篮子里"，这就是种简单的资金管理，把鸡蛋放到几个篮子的目的是分散风险，不至于一败涂地。资金波动是正常的，你不可能一路顺风，资金管理教你如何控制好你的资金，把运气因素对你的影响降到最低。

举个简单的例子，两个人玩掷骰子的游戏，掷出1、2、3、4你胜，掷出5、6对方胜利。每次投掷结束，输的一方给赢的一方1元钱，现在你有100元钱，有两种游戏模式供你选择，A是玩1次100元钱的，B是玩100次1元钱的，你选择A还是B?

答案很简单，B。因为虽然你有优势，或者说你玩这个游戏的期望值是正值，但是你不能保证只投掷一次的情况一定赢，根据数学里的大数法则，样本越多实际值越接近理论值，所以投掷100次你

德州扑克基本理念

盈利的概率要比1次大得多。有这个例子做铺垫，就容易理解资金管理在德州扑克中的作用了。

假设你在德州扑克上投入了100元的资金，准备玩德州扑克现金游戏，并且你相信你可以长期稳定获利，你会选择玩1次100元买入的还是100次1元买入的？为了降低风险，你会选择后者。

但是德州扑克的情况不像掷骰子那么简单，在掷骰子的游戏中，1元和100元两种玩法你的胜率是不变的，都是2/3。但是德州扑克并不是这样的，假设你的水平不变，通常100元游戏的盈利率比1元游戏的要低，因为在100元的游戏里，你的对手要比1元游戏里的水平高。

既然我们都知道升级（参与更大买入的游戏）会降低我们的盈利率，那么我们为什么还升级呢？因为我们追求的不是盈利率，而是单位时间回报率。举例来说，玩1000手1元的牌局要花10小时，可以盈利200元，平均一小时回报20元；玩100手10元的游戏要花1小时，可以盈利100元，平均一小时回报100元，所以我们应该玩后者。但是即使是这样，升级还是要慎重。

下面的两个规则希望初学者可以严格遵守：

1/20法则：

> 永远不要玩超过你资金1/20买入的现金游戏、单挑、SNG、DON。

1/50法则：

> 永远不要玩超过你资金1/50买入的MTT、WTA。

习题2

习题2.1：扑克四大定律是什么？

习题2.2：四二法则是什么？所罗门法则是什么？

习题2.3：1/20法则和1/50法则是什么？

习题2.4：隐含赔率是什么意思？

习题2.5：和你的朋友玩德州扑克时观察他们的习惯动作。

习题2.6：在线玩10局SNG，并记录对手的下注方式。

习题2.7：构成一手牌的因素有哪些？

习题2.8：有一种轮盘赌游戏是，1元钱玩一次，小球会落到37个不同位置，猜对位置可获得35元钱，求这种轮盘赌游戏的期望值。

习题2.9：你的底牌是Q♥J♥，对手的底牌是5♣5♠，公共牌是T♥9♣2♥9♠，你的出牌有几张？

习题2.10：你的底牌是A♥7♦，对手的底牌是K♠Q♠，公共牌是K♥5♠8♠6♣，你的出牌有几张？

习题2.11：你的底牌是K♥K♦，公共牌是K♠2♠7♠Q♠，你通过读牌确定对手有黑桃，现在彩池有300筹码，你还剩100筹码，对方下注100筹码，你的出牌有几张？胜负比是多少？彩池赔率是多少？你应该跟吗？

习题2.12：你和一个对手进入彩池，你们的筹码都有2000以上，你的底牌是A♠K♥，翻牌为K♦2♣7♣，彩池有300筹码，该你行动，你应该下多少？

习题2.13：

位置与筹码：【玩家A 2880】

【玩家B 5900】

【玩家C 4500】

【SB（你） 4100】

【BB 20】

局势：9人在线SNG中期。

盲注：200/400。

你的底牌：2♥7♠。

到你说话：玩家A、B、C都弃牌，现在彩池里有600筹码。

问题：你该怎么办？

答案

习题2.1~2.7略。

习题2.8：约为-0.054元。

习题2.9：24张。

习题2.10：8张。

习题2.11：10张出牌，胜负比为3.5∶1，彩池赔率是5∶1，值得跟。

习题2.12：150~200筹码。你要防止对方抽花。对于对方来说，还有47张牌没看到，如果他有2张梅花，那么外面还有9张梅花可以使他获胜，胜负比率为38∶9，大于4∶1。下注100筹码如果对方跟，则可以为他提供4∶1的彩池赔率，考虑到隐含彩池赔率，你下注应该多于100筹码，150~200筹码是个不错的选择。

习题2.13

虽然27不同花牌很弱，但是这里你不该弃牌，你只要再下注220筹码，对方跟注20筹码后，你就能参与一个620筹码的彩池，这几乎给你了3∶1的彩池赔率。即使你面对AK，你也有1∶2的胜负比率。虽然你的底牌不强，但是彩池赔率和胜负比率支持你全下。

无限注现金游戏与无限注比赛

像这本书的大多数读者一样，你可能是被电视中的德州扑克大赛吸引，然后开始学习如何玩无限注德州扑克。一般来说，玩家最初都是在网上扑克室玩在线SNG，然后玩多桌锦标赛，后来，有些玩家可能会玩现场扑克比赛。

比赛毕竟不是经常有，于是很多玩家开始玩现金游戏，但是现金游戏太慢了。与比赛相比，现金游戏几乎是静止的，而且还有些无聊。你注意到玩家让了牌，但是等亮牌的时候，他的那手牌强的足够下注了。当你全下的时候，你对手的牌比你想象的要强得多。现金游戏和比赛表面上没有什么区别，但是要玩好很难。很多人根本不清楚究竟是自己的运气不好还是自己的打法有问题。

有一次我坐在我一个朋友的旁边看他玩现金游戏，他是个很强

德州扑克基本理念

的在线比赛玩家,现在他开始尝试玩无限注德州扑克现金游戏。他买了最大的100大盲注,筹码数量在桌子上处于中游。经过了半个小时平淡的游戏后他在前段位置拿到了AK。他第四个行动,做了一个标准的三倍加注,三个玩家跟注,包括两个盲注玩家。翻牌是KT9,他击中了顶对,顶边牌,估计他的感觉很棒。但是令他意外的是小盲注下注大盲注加注。我的朋友迫不及待地全下,结果三个人跟他。"我能收了两个人吧?"他小声地问我。我说:"你的牌可能第三好"。实际上,亮牌后,他的牌第四好。他的对手一个人拿到了三个T,一个人拿到了三个9,另一个拿到了顺子!(顺子最终获胜。)

对很多无限注玩家来说,从比赛转到现金游戏非常难。我的朋友犯了个非常典型的错误。他的牌(顶对,顶边牌)在大部分比赛中非常好,但是在深筹码现金游戏里全下时是一手非常弱的牌。

在比赛中,玩家只在第一轮和有时的第二轮拥有深筹码。典型的多桌比赛结构开始于2,000筹码10和20的盲注。在这种情况,筹码大盲注比为100,可以称得上深筹码。到盲注增长到15和30的时候,筹码大盲注比为67,这就不是真正的深筹码了,下次盲注增长筹码大盲注比会低于50,完全不是深筹码。

通过学习,实践和犯错,玩家学会在前几个回合玩得非常紧,所以他们实战中不会看过多的翻牌,当盲注还是增长他们的筹码变小的时候会玩得松一些。这对于比赛是合理的过程,但是也导致他们缺乏对深筹码形势的练习。

从另一个方面说,现金游戏永远是深筹码,除非你选择最小买入。在深筹码游戏，只要你对手同样有许多筹码，除非你有一手非常大的牌，否则永远不要全下。

什么叫非常大呢？和大部分忠告一样，看情况而定。如果你的对手筹码非常少，比如20到30倍大盲注，一个高对或许就够了。如果你的对手是个众所周知的紧手玩家，而且你们都有250倍大盲注，桌面上有一个对，即使拿到一个顺子，你全下的时候也要慎重。

在一个深筹码现金游戏，每次行动前你要问自己一系列的问题：

1. 我还剩多少筹码？
2. 他还剩多少筹码？
3. 彩池多大？
4. 就我目前的行动而言我的牌多强？
5. 我知道暗示我的对手可能在诈唬的细节吗？
6. 如果我下注，一旦他全下我会怎么办？
7. 我想让到底吗？

别嫌多，这些只是问题的一部分而已，还有很多东西你需要学习，下面我们通过一个牌例看看现金游戏的思考过程。

牌例

为了阐明无限注现金游戏的思考过程，让我们来看一个较复杂的牌例。这个牌例来自每周一晚上游戏秀节目中播放的高注扑克第三季。（如果你想提高现金游戏的技术我强烈推荐你看这个节目。）每周八个高手在一起玩无限注现金游戏，盲注300和600，底注100。底注结构和普通游戏不同，大部分现金游戏都没有底注。一旦有底注，玩家不得不玩得比平常松一些，因为与仅有盲注相比彩池有更多的钱。

这个游戏最小的买入是100000，或者说167个大盲注。玩家可以买入更多。有些时候，玩家会把1000000现金放在桌子上，看起来像座小山。

这期的玩家有菲尔·拉克，安东尼奥·埃斯凡迪亚里，丹尼尔·内格雷多，麦克·马图森，克里斯·弗格森，伊莉雅·翠西，丹·沙克，丹·哈姆内斯。如果你经常看电视的扑克比赛你会非常熟悉前五个名字。后三个玩家虽然不是职业玩家，但是在这个节目里表现得不错。

这手牌的位置，底牌，筹码数量如下：

1.	Dan Harmnetz	$150,000	A♦K♥
2.	Ilya Trencher	$100,000	--
3.	Phil Laak	$200,000	--
4.	Antonio Esfandiari	$200,000	--
5.	Chris Ferguson	$150,000	--
6.	Mike Matusow	$85,000	Q♦9♥
SB	Dan Shak	$120,000	A♥3♠
BB	Daniel Negreanu	$200,000	9♦7♠

哈姆内斯：哈姆内斯在枪口位置拿到了AK不同花。在大部分比

赛中，拿到这手牌都应该加注。如果筹码不多，可以全下。但是哈姆内斯仅仅跟注，这是种合理的打法。如果有人加注，他会跟。哈姆内斯的打法紧且保守，跟注符合他的风格。

深筹码扑克玩的是翻牌。尽管在翻牌前有时候会加注和反加注，但是大部分玩家都会避免在翻牌前剧烈对抗。在决定投入多少筹码前玩家都想多看些牌。

另一个重要的问题是在枪口位置溜入是否正确，是否应该加注给盲注压力。很多玩扑克的数学家认为在枪口位置拿到AK平跟是不正确的。理由很简单：如果你溜入，弃牌到大盲注而且他的牌很弱，它可以不犯错误地看张牌。另一种情况，如果你加注他就不得不弃牌或跟注，他打的对不对取决于你和他的底牌是什么。减少对手犯错误的机会等于浪费你的筹码（实际数量无法计算，不会是零但也不会太多）。所以你应该加注。

很多实战派玩家承认这点，但是他们认为有更重要的理由支持平跟。平跟给了你另一种武器，可以让你在其他情况便宜地看到更多的翻牌。平跟同样会使你用好牌跟注，让你的对手猜不到你的牌。从这个角度，我支持实战派玩家。

翠西：弃牌。

拉克：弃牌。

埃斯凡迪亚里：弃牌。

弗格森：弃牌。

马图森：马图森用Q9不同花跟注。在深筹码扑克里，玩家喜欢在按钮位置跟注，特别是在很多人进入彩池的情况下。好位置可

德州扑克基本理念

以增强牌力，在这种情况下我只会扔掉非常弱的牌，Q9已经足够强了。

沙克：在小盲注位置上，沙克获得了巨大的赔率来跟。彩池现在增长到2900，仅仅花费他300，所以他几乎获得了10：1的彩池赔率。在这种情况我会玩绝多数牌。有一个A，肯定要跟。

内格雷多：内格雷多拿到了他喜欢的牌型，97不同花。如果可以免费看翻牌这是一手好牌。如果错过翻牌（大部分情况都是这样）可以容易地扔掉，如果击中可以组成隐蔽的强牌，这种牌可以把你的对手清台。内格雷多很高兴地免费看牌。

现在彩池有$3,200，四个玩家。翻牌是

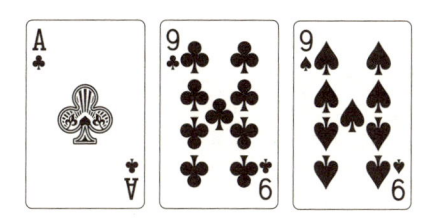

[A♣ 9♣ 9♠]

沙克：沙克在翻牌击中了A，在他看来，如果其他人没有A，他的牌看起来很安全。但是实际上，他的两个对手拿到了三个9！桌面上有两个梅花，所以还可能有人在抽花。另外，他的边牌，一个3，非常弱。他应该下注吗？

我的答案可能会让很多读者感到惊奇：这里我不会下注。

在比赛扑克里，这种局势按惯例要下注。在比赛扑克里，你的时间非常有限。你必须抓住每个机会，否则你就要冒被盲注吃掉的危险。现金游戏没有这样的压力。现金游戏需要有更多的耐心。你

不需要击打那些半好不坏的来球；你可以等待一个好机会来个全垒打。

这是一个好机会吗？根本不是。如果有个人有个9，沙克几乎挂了。如果有个人有个A，沙克也只能期望平分彩池。没有A或者9的人一会就会走掉。如果没有人有A或9，沙克会赢他们的钱吗？不太可能。最后一点是沙克没有位置，他最好的计划就是让牌，给其他玩家说话的机会，然后再重新估价自己的牌。

他应该担心梅花同花吗？不。他的牌和位置目前没有强到用得着他担心同花，先担心三头吧！如果他有一手大牌，他可能要下注让抽花的付出代价看牌。但是同花目前还轮不到他在乎，他还有更多的压力。

他选择了让牌，打得很好。

内格雷多：内格雷多翻出来了三个9，极好的牌。他的牌已经足够下注了。事实上，非常可能（他认为）他拿到了最好的牌。但是，他的牌不是最好的。坐在他后面的马图森拿到了三个9和更好的边牌。他可以下注让有A的玩家跟注，也可以让抽花的跟注。

但是，内格雷多做出了一个非常有侵略性的决定，他准备check-raise。他之所以慢玩有两个原因。在枪口位置溜入彩池的哈姆内斯还没行动。他应该有个A，非常可能下注。他后面还有马图森，马图森在这桌玩得非常有侵略性。在最后的位置，如果每个人都让牌他非常可能会偷底。还有一种可能性不大的情况，就是如果前面的人没有打开彩池，拿到两个梅花的人会下注。无论哪种情况，内格雷多都可以通过check-raise获得额外的筹码。

德州扑克基本理念

Check-raise不是免费的冒险。如果其他人都让牌，转牌出现了第三个梅花，内格雷多会非常郁闷。但是他判断这种冒险是值得的，他很可能是正确的。

哈姆内斯：哈姆内斯必须下注。他有一对A和顶边牌，除非有人有两个A或一个9，否则你的牌最大。很多他可以击败的牌会跟注：一个边牌小的A，两个梅花，甚至一个低对。如果有人拿着两个梅花，哈姆内斯要让他们花钱抽牌。所以他下注，但是数量不小。他下注7000，两倍彩池多。

超注（超过当前彩池的下注）不常见，常常是示弱的表现。这个下注实际在说："走开，给我彩池，我不想把这手牌玩到底。"注意，没有必要下超注阻止抽牌。三分之二彩池或整个彩池就已经让抽牌没有合适的赔率了。有时高手可能会想到第二层，用一个好牌下一个超注，心说"我很强，但是我做了一个通常会解释成弱牌的下注，希望有人会想把我赶出去，然后我好好收拾他一下。"

哈姆内斯可能感觉他现在最强，他想引诱认为他在诈唬的人跟注。在这个比较松的桌子，这个主意不坏。但是他还不知道自己的处境，所以我不会这么冒险。我会下一个2200到2400的标准注，看看能收到什么效果。

彩池现在有10200。

马图森：马图森有三个9和一个非常好的边牌Q。他非常可能有最好的牌。但是哈姆内斯似乎有点东西，马图森应该加注。马图森加注15000，在哈姆内斯的基础上加了8000。他为哈姆内斯提供了非常好的彩池赔率（如果其他人弃牌到哈姆内斯，他将获得3：1的赔率）。彩池现在有25200。

沙克：他最初以期从牌桌上获得更多信息，现在结果出来了，不是很好，他弃牌，打得不错。

内格雷多：虽然之前的行动显示他的牌非常可能不是最强的，但是他不想扔掉他的三个9。但是现在他不得不认真分析当前的局势了。

如果所有的下注都是合理的。那么有人拿到了一个A有人拿到了最后的那个9。内格雷多的边牌是个7，不是很大。如果有人拿到了最后一个9，那个人的边牌可能更大。但是实际情况没有这么糟糕。假设哈姆内斯的底牌是T9。他现在的牌是三个9，一个A，一个T，内格雷多是三个9，一个A，一个7。只要转牌或河牌出现一张比T大的牌，就可以伪造那个T平分彩池。当然，如果内格雷多有更好的边牌，道理恰恰相反！

深入分析当前局势，马图森卷入了彩池。马图森胆子非常大，他完全有能力在什么都没有的情况下诈唬，然后转牌再给你一枪，最后河牌全下（拉克在高注扑克第二季的时候就抓了他一次，Mike很不幸，Phil在翻牌拿到了天同花）。内格雷多面对马图森的时候非常不愿意放弃大牌。

如果两个对手都没有9，内格雷多优势很大，如果有一个人有9，有可能平分彩池，也有可能输。内格雷多认为，跟注正好，但是加注就太松了。所以他跟了15000。彩池现在有40200。

哈姆内斯：哈姆内斯下了个超注，然后被加注，又有人跟这个加注。他拥有5：1的彩池赔率（进入40000的彩池需要8000）。这

德州扑克基本理念

个赔率够吗？他能跟吗？

在无限注德州扑克里计算赔率和分析自己的处境非常重要。所以，让我们问一个哈姆内斯应该问自己的简单问题：现在，你的对手有什么？

这种情况有三种合理的牌：一个A，一个9，梅花抽花。马图森可能有任何任一手。他也可能在诈唬；他以前就这么做过。真正的问题是内格雷多。马图森的加注可能是诈唬，但是内格雷多的跟牌不会。他已经看到了一个下注和一个加注，他还是跟了。所以他不是在骗人。他有一手真正的好牌。

那么他有什么牌呢？他不能是梅花抽花，因为有两个充分的理由：

1. 他没有合适的赔率跟注。他跟注的赔率是25：15，或者说5：3。转牌抽花有4：1的劣势，如果梅花来了，桌面上有三个梅花，没有人会再下注，他也不会得到更多的钱。

2. 他不能确定下注到此为止了，因为哈姆内斯还在彩池中。如果哈姆内斯有个9，他会再加注，内格雷多就不得不扔掉他的同花抽牌了。

所以内格雷多有一个A或9。但是如果是A他几乎会跟，因为两个玩家都在说他们有一个A或9，只要他们其中的一个有9，内格雷多就不得不面对大于9：1的劣势了。

所以内格雷多最可能有个9。但如果他有9，哈姆内斯的AK现在就有多于9：1的劣势了。如果他没有9，那马图森可能有。所以哈姆内斯应该弃牌。

这就是玩扑克的关键。假设对手的打法合理，并以此为基础分析对手的底牌。也就是说，如果他们没有在诈唬，分析他们下注，加注，跟注的含义。做完这些，你可以把诈唬的因素考虑进去，看看是否影响你的决定。记住，没有人总在诈唬。大多数情况，下注意味着下注真正呈现的含义。按此分析，特别在彩池巨大的时候。

但是，哈姆内斯跟注了。彩池现在有48200。转牌是梅花5。

内格雷多： 两条信息来到内格雷多面前：

1. 哈姆内斯可以加注但是没加。这减少了他有9的可能，但增加了他有一个A的可能，或者可能在抽花。

2. 转牌的梅花给了抽花的人同花。

Hametz或马图森抽成花了吗？无论是谁，可能性都不大，但是并非完全不可能。Hametz最开始下了个高于彩池的大注，然后跟了5：1彩池赔率的加注，超注可能是吓人的半诈唬，跟注（前面他下注就是通过跟注推断出的）可能是一个合适彩池赔率的同花抽牌。马图森有能力诈唬，所以他可能半诈唬加注。内格雷多最希望他仍然在面对一个A和一个9，因为Hametz没有加注，所以他很可能拿着一个A。梅花对内格雷多没有帮助。最后，任何一个有一个梅花的人现在都形成了抽牌。内格雷多知道他的情况不妙，所以他让牌。

哈姆内斯： 哈姆内斯的AK在贬值。他现在不可能有最好的牌，所以他让牌。

马图森： 马图森仍然有三个9和一个好边牌。梅花帮助他的对手了吗？

德州扑克基本理念

马图森应该知道内格雷多没有同花，其中原因在哈姆内斯翻牌末跟注时分析过了。彩池赔率远远不够，内格雷多不能确定如果拿到同花他能赚到钱。没有任何高手会在这种情况下抽花，内格雷多是个顶尖高手。所以他不可能有同花。

哈姆内斯有同花吗？不太可能。翻牌他下的超注不符合抽花的表现。转牌的让牌也是同样的问题。如果哈姆内斯击中了同花，他一定知道他面对着两个有好牌的选手。下注应该能取得回报，但是他仅仅让牌。所以哈姆内斯不应该有同花。

即使两个人都没有同花，其中一个现在也可能形成了抽花。这非常可能（虽然我们知道谁的手上都没梅花）。所以马图森必须下注。从目前对手表现的牌力看，他很可能会被跟，他要拿着一个梅花抽牌的人付出代价。彩池有48200，30000左右恰到好处。

但是马图森让牌了，我们来到河底。彩池现在有48200。河牌是梅花Q。

内格雷多：内格雷多和他的三个9完蛋了。他输给了拿着梅花的人，或边牌更好的9。他让牌。

哈姆内斯：哈姆内斯的A贬值为零。他让牌。

马图森：马图森现在知道了他将赢得彩池。Q的到来使得他的3个9变成了Q葫芦，现在能击败他的只有A9了（三个9两个A）或者AA（三个A两个9）。但是他对手的让牌不符合拿到这种牌的打法，同样也不符合拿到同花的打法。

马图森要下注，但是下注多少才能获得回报呢？没有人有同花，桌面上有四个梅花，有人会拿着三个9跟注吗？答案是——不太可能。但是他一定要下注,他最好的选择就是下一个非常小的引诱注。对手之一非常可能禁不住彩池的诱惑跟注。但是马图森下了30000。

内格雷多: 内格雷多在马图森下注前已经放弃了这手牌。他弃牌。

哈姆内斯: 同样弃牌。

结局: 马图森拿走了48200的彩池。

很好的一个牌例,包含了许多来自三个主要玩家正确的决定。如果你刚玩无限注德州扑克不久,这手牌向你展示了很多新概念。比如彩池赔率,底牌分析,欺骗,彩池控制。当你对这些概念有迷惑时,你可以反复看这手牌。一段时间后,开始看起来模糊的决定会变得清晰。

最后,我要说一点,与现金比赛相比,我更推荐大家去玩比赛,在比赛中,输掉比赛只能再等一年,比赛中不允许犯错,对于技术的锻炼是现金游戏无法比拟的。比赛更接近一项体育运动,而现金比赛与博彩更类似。

翻牌前技术

| 德州扑克 | 战术与策略分析 |

一场网络德州扑克游戏，你和一个对手进入彩池，你的底牌是

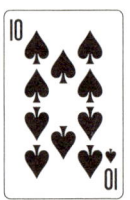

翻牌是

没错，你拿到了皇家同花顺，这是你第一次拿到皇家同花顺，你成功地引诱对手全下，但是你由于过于激动而把加注点成了弃牌。这件事的确值得懊恼，但是实际上你不必为此耿耿于怀，因为你不会弃掉皇家同花顺而输很多钱，你输钱更多是因为你拿T7这样的垃圾牌进入彩池。你一年之内拿到皇家同花顺的次数屈指可数，即便你每次都扔掉，平均下来损失的钱也不会太多，但是，你每天、每小时，甚至每圈牌，都在因为拿到T7这样的垃圾牌进入彩池然后错过翻牌而输钱，虽然每次你可能只输掉一两个盲注，但是累积下来，一年将会很多。T7这样的牌的确可能会看出来葫芦，然后赢下一个大彩池，但是你不要忘记，你扔掉多少钱才看到葫芦。

底牌的选择十分重要，本章将讨论你应该拿什么底牌进入彩池，也就是翻牌前的技术。为了给大家一个关于底牌强弱的直观感受，我先给出几种概率。

翻牌前概率

虽然谨慎是对的，但是你不能拿到AA或KK才进入彩池，拿到这种天王牌的概率很低。下面是发牌的概率。

发给我……	概率
AA	0.45%
AA 或 KK	0.90%
任何对	5.9%
AK 同花	0.30%
AK 不同花	0.90%
AK	1.20%
AA，KK，AK	2.10%
同花牌	24.00%

德州扑克最强的5手牌是AA、KK、QQ、JJ、AK，起手拿到这5手牌的概率是3%，也就是平均每玩33手牌，你会拿到一次。

游戏人数不同，底牌的强弱也不同。如果每位玩家起手都全下，那么在人数不同情况下底牌最强的20种如下：

德州扑克　战术与策略分析

9人台 (9 Players)				
排序	起手牌	赢	平	总计
1	AA	34.52%	0.69%	35.21%
2	KK	28.91%	0.67%	29.58%
3	QQ	24.60%	0.82%	25.42%
4	AKs	21.28%	2.70%	23.98%
5	AQs	19.62%	2.98%	22.60%
6	JJ	21.25%	0.97%	22.22%
7	KQs	18.95%	2.75%	21.70%
8	AJs	18.37%	3.24%	21.61%
9	ATs	17.39%	3.49%	20.88%
10	KJs	17.77%	2.99%	20.76%
11	AK	17.81%	2.79%	20.60%
12	QJs	17.32%	3.00%	20.32%
13	KTs	16.87%	3.22%	20.09%
14	TT	18.66%	1.13%	19.79%
15	QTs	16.50%	3.22%	19.72%
16	JTs	16.43%	3.28%	19.71%
17	AQ	15.93%	3.09%	19.02%
18	A9s	15.33%	3.44%	18.77%
19	KQ	15.40%	2.84%	18.24%
20	A8s	14.61%	3.61%	18.22%

翻牌前技术

6 人台 (6 Players)			
排序	起手牌	赢	平	总计
1	AA	49.10%	0.67%	49.77%
2	KK	42.70%	0.66%	43.36%
3	QQ	37.59%	0.77%	38.36%
4	JJ	33.22%	0.88%	34.10%
5	AKs	29.77%	2.60%	32.37%
6	AQs	27.91%	2.90%	30.81%
7	TT	29.52%	0.99%	30.51%
8	KQs	26.97%	2.71%	29.68%
9	AJs	26.38%	3.18%	29.56%
10	AK	26.51%	2.70%	29.21%
11	ATs	25.12%	3.44%	28.56%
12	KJs	25.49%	2.96%	28.45%
13	QJs	24.82%	2.96%	27.78%
14	KTs	24.29%	3.20%	27.49%
15	AQ	24.47%	3.01%	27.48%
16	99	26.30%	0.87%	27.17%
17	QTs	23.68%	3.18%	26.86%
18	JTs	23.40%	3.22%	26.62%
19	KQ	23.62%	2.80%	26.42%
20	AJ	22.78%	3.31%	26.09%

德州扑克　战术与策略分析

4 人台 (4 Players)				
排序	起手牌	赢	平	总计
1	AA	63.72%	0.63%	64.35%
2	KK	57.99%	0.64%	58.63%
3	QQ	53.23%	0.72%	53.95%
4	JJ	48.87%	0.80%	49.67%
5	TT	44.86%	0.88%	45.74%
6	AKs	40.03%	2.65%	42.68%
7	99	40.82%	0.85%	41.67%
8	AQs	38.37%	2.90%	41.27%
9	AJs	36.88%	3.17%	40.05%
10	AK	37.09%	2.74%	39.83%
11	KQs	36.78%	2.80%	39.58%
12	ATs	35.55%	3.44%	38.99%
13	KJs	35.32%	3.05%	38.37%
14	AQ	35.30%	3.01%	38.31%
15	88	37.27%	0.87%	38.14%
16	KTs	34.04%	3.30%	37.34%
17	QJs	34.27%	3.07%	37.34%
18	AJ	33.68%	3.30%	36.98%
19	KQ	33.72%	2.90%	36.62%
20	A9s	32.74%	3.68%	36.42%

翻牌前技术

2人台 (2 Players)				
排序	起手牌	赢	平	总计
1	AA	84.97%	0.57%	85.54%
2	KK	82.10%	0.58%	82.68%
3	QQ	79.63%	0.61%	80.24%
4	JJ	77.16%	0.65%	77.81%
5	TT	74.66%	0.72%	75.38%
6	99	71.69%	0.80%	72.49%
7	88	68.72%	0.91%	69.63%
8	AKs	65.28%	2.66%	67.94%
9	AQs	64.41%	2.78%	67.19%
10	77	65.72%	1.04%	66.76%
11	AJs	63.55%	2.95%	66.50%
12	AK	63.49%	2.75%	66.24%
13	ATs	62.66%	3.18%	65.84%
14	AQ	62.57%	2.87%	65.44%
15	AJ	61.63%	3.06%	64.69%
16	KQs	61.58%	2.97%	64.55%
17	A9s	60.68%	3.49%	64.17%
18	AT	60.70%	3.29%	63.99%
19	KJs	60.69%	3.14%	63.83%
20	66	62.58%	1.18%	63.76%

通过以上4个表我们大体上可以看出，人越少口袋越强，而且这4个表看到是河底的结果，如果战斗在翻牌就结束，那么口袋更强。需要说明的一点是，9人局里最弱的牌不是不同花的27，而是不同花的26，这是因为26优于27的连牌能力小于27强于26的对牌能力。

下面是不同底牌类型翻牌形成起手牌的概率。

口袋

口袋翻牌成……	概率
三头	10.80%
葫芦	0.70%
四头	0.20%
三头以上	11.80%

口袋之所以强，就是因为口袋有将近12%的概率在翻牌形成暗三以上的强牌，这是一个可以短期期待的概率。

同花

同花翻牌成……	概率
同花	0.84%
差一张同花	10.90%
差两张同花	41.60%
河牌形成同花	6.4%

同花底牌翻牌形成天同花的概率不到1%，同花远没有我们想象得那么强。

A

关于A	概率
底牌有A翻牌出现A	17.2%
底牌有A河牌出现A	27.67%
底牌没有A翻牌出现A	22.6%

翻牌前技术

续表

关于 A	概率
底牌没有 A 河牌出现 A	35.3%

拿着一个A有将近30%的概率可以看出个A，但是请不要忘记，对手也喜欢拿着A去看牌，边牌大的A才有价值。

杂牌

杂牌翻牌成……	概率
至少一对	32.40%
一对（用一张底牌）	29%
两对	2.00%
三头	1.35%
葫芦	0.10%
四头	0.01%

你可以简化记忆为，如果对方底牌不是口袋，那么他只有1/3的机会形成对牌以上的牌。

翻牌

翻牌本身形成……	概率
三头	0.24%
对	17.00%
同花	5.20%
彩虹牌	40.00%
连续牌（如 6-5-4）	3.5%
两张连牌（如 K-5-6）	40.00%
没有连牌（如 Q-5-2）	56.00%

我经常看到有人怀疑某些系统为了造成大牌间的对抗吸引玩家而故意设置经常出现3个相同的翻牌。其实这种怀疑是没有道理的，第一，这种结论一定要建立在大量样本上，这种样本不是几百张手牌，而是上万张手牌。第二，根据心理学中的"视网膜效应"，我们往往会觉得我们关注的事情发生的概率高，因为我们会选择性记忆那些我们关注的事情，而忽略那些我们不关注的事情。

底牌的强弱是相对的，如在9人台AK排名第四，但是面对一个口袋2却没有优势，翻牌前不同底牌全下的胜率如下。

翻牌前牌型	例子	概率
两高牌 VS 两低牌	AK VS 72 AK VS 54s	68:32 59:41
高低牌 VS 两中间牌	A5 VS K8 A5 VS T9	60:40 55:45
一高一次低牌 VS 一次高一低牌	A6 VS Q2 A6 VS Q2s	64:36 60:40
低对 VS 两高牌	22 VS J5 22 VS T9s	53:47 46:54
一对 VS 一张高牌	66 VS K6 66 VS K5	69:31 70:30
一对 VS 两张低牌	KK VS Q6 KK VS 54s	88:12 77:23
高对 VS 低对	KK VS 33 AA VS 77	81:19 80:20

KK面对K2有94%的胜率，这是德州扑克翻牌前全下最大的优势。在面对AA的所有牌里，同花67最强，有将近23%的胜率。

很多时候你并不知道对手的底牌是什么，下面列出了几种典型

翻牌前技术

底牌面对对手所有随机产生的底牌的平均胜率。

底牌	面对随机牌
27	35:64
AA	82:15
22	51:49
54s	41:59
QT	57:43
J5	47:53
98	48:52

虽然数学可能让人讨厌，但是它可以客观真实地反映底牌的强弱。

第十名 J8

J8在一种情况下会让你一无所有，那就是翻牌发出来QT9的时候，这时候你拿到了天顺，很强大吧？如果对手加注，你反加注，对手全下，你怎么办？我相信大部分人都会选择跟注，但跟注你可能就会输掉所有筹码，因为对手很可能拿着KJ进入彩池。你形成了QJT98的顺子，而对手是KQJT9的顺子，不要忘了，KJ是很多人都愿意玩的牌。在没有同花面的情况下扔掉天顺需要极其强大的读牌能力，如果您没有这种能力，尽量少玩J8这样的牌。

第九名 AT

我不否认AT这手牌在牌桌的后段位置打开彩池是个不错的选择，但是我不建议在前段和中段位置用AT进入彩池，在后段位置跟注也很危险。AT进入彩池后你会发现很尴尬，如果翻牌出现了一个A，AK，AQ，AJ都主导你，会让你输得很惨；如果翻牌出现了一个

T，你仍然落后于AA，KK，QQ，JJ，超对会让你不会轻易读出来。我们再假设，如果翻牌发出来A74，你获胜的概率也不高，对手可能拿着A7，A4，77，44，你仍然会损失掉很多筹码。拿着AT进入彩池较好的结果是看到翻牌发出一张A和一张T，你形成两对，但这样你也不太乐观，如果对手手里有KQ，KJ，还要小心顺子的可能。

第八名 KQ

KQ看起来很强大，但是你也要小心。如果翻牌发出来Q72，你获得了一个强大的对子，还有一个不错的边牌，但是你还会有麻烦，对手可能拿着AA，KK，QQ，AQ在和你玩。KQ的赢利点是对手拿着KJ，QJ，KT这样的牌和你对抗，然后你去主导对手，但是……他们会用这样的牌和你大战一场吗？更多的时候你面对的是AA，KK，QQ，AK，AQ。一旦你用KQ进入彩池，赢不会赢太多，输却会输很多，这样的牌值得玩吗？

第七名 Ax同花

很多人喜欢玩Ax同花，因为他们认为Ax同花为他们提供了两条获胜的途径。一个是拿到三个同花牌，形成A同花；二是拿到一个A，形成对A，但是，这两条途径可能都是通向坟墓的。拿着Ax在翻牌看到天同花自然很爽，但是大多数的时候能看到两张同花牌形成同花抽牌就不错了。在限注德州扑克里，同花抽牌通常会获得合适的赔率，即使是彩池限注德州扑克的情况也不会太糟，但是现在我们讨论的是无限注德州扑克，很多玩家在看到两张同花牌出现在桌面的时候都会下一个大注阻止其他玩家抽同花牌。少部分情况你能抽中，但是大多数情况你的同花抽牌在河底都变成了A高牌。还有一种情况经常

翻牌前技术

迷惑我们：假设玩家A拿着红心A8，翻牌出现了红心K红心2梅花6，玩家B全下，玩家A想"即使他有一个K，我也不怕，我有9张红心和3张A的出牌，一共12张，按照四二法则，我的胜率大约有48%，考虑彩池里的筹码，赔率完全够得上，我跟他。"这里有个思维漏洞，虽然9张红心出牌属于玩家A，但是其他的三张A未必会让玩家A获胜，因为玩家B除了那个K，另一张牌也可能是A。还有最重要的一点，在德州扑克比赛中，筹码越多价值越少，所以我们应该少玩抽牌，用Ax抽同花在比赛中更不值得提倡。另一个获胜途径荆棘更多，假设我们用A6同花进入彩池，翻牌看到了一个A，你的边牌很可能输掉另一个拿着A的人。

第六名 KT

KT很多人都喜欢玩，因为这手牌看起来充满力量，这可能源自心理上的错觉：K是个威武的国王，T是两位数，他们组合在一起也不会差吧？但要是理性地想一想，KT实际上并不强大。如果翻牌获得了一个K，你要小心AK，KQ，KJ，AA；如果翻牌获得一个T，还要担心AT，AA，KK，QQ，JJ，TT。仔细算算，不管翻牌出现的是K还是T，外面至少有四种起手牌可能把你清空，你有信心通过读牌把他们都排除吗？

第五名 AJ

不可否认，在比赛的中后期，AJ已经不错了，拿到AJ可以毫不犹豫地领先全下。但是在比赛的初期，AJ可能会让你站在悬崖边上。我在主持的节目《疯狂德州》中总说这么一个顺口溜"AK很强大，AQ也不差，AJ很可怕"，我之所以这么说，是因为有血的教

德州扑克　战术与策略分析

训。2009年，我第一次参加全国德州扑克大赛，在快进入钱圈的时候，我短筹码，拿到了AJ。我非常高兴地全下了对手的加注，一分钟后，我背包回家了。我打过无数手牌，能记住的不多，但是AJ这手牌我估计会记住一辈子。不过，我相信，无论我怎么渲染AJ的可怕，无论读者您在AJ上吃过多少亏，您还是会继续相信AJ玩AJ的，直到有一天您和我有一样的经历。

第四名 Q9

和J8面临的问题一样，当你翻牌拿到KJT，你很可能会输给AQ。除此之外，当你命中一个Q的时候情况也不好，因为对方可能是AQ，KQ，QJ，QT。我之所以把Q9排到J8的前面，就是因为J形成对子相对Q形成对子更容易扔掉。

第三名 KJ

很多人都把KJ列为德州扑克第一陷阱牌，这是有道理的。KJ的名声如此之差，已经不会有很多人会用KJ加注了，但是，很多人想不明白一个简单的道理，如果你的牌不够加注的，那他肯定也不够跟注的。加注，可以借助你的形象吓跑对手，跟注，只能与对手一战了（如果对手没反加注把你打跑）。KJ最大的问题是无论翻牌出现K或J，你的牌都已经不小了，但外面的牌更大，比如：AA，KK，QQ，JJ，AK，AQ，AJ，KQ，都会让你的KJ变成毒药。我们中国有句老话：淹死的都是会水的，在德州扑克里也是这样的，真正输的，牌都是可以一战的。

第二名：JJ

JJ是德州扑克里第四强的对牌，但也有问题，如果你加注，对手

翻牌前技术

反加注,你怎么办?如果你跟注,翻牌出现A,K,Q你都会很郁闷。如果你再反加注,对手全下你怎么办?这时候对手很可能拿着AA,KK,QQ,即使是AK,AQ你也要面对抛硬币的局面,只有在面对AJ或TT时你才会有优势。我建议在比赛前期,不要太迷恋JJ的强度,如果你面对加注,可以用JJ跟注,把JJ当做中小对来打,期待看出来一个J形成暗三。

第一名:AQ

德州扑克与空军竞赛一样,第二强的是最危险的。AQ虽然大部分时候很强,但是如果对手是AK,通常会输得很惨,因为一旦拿着AQ看出来一个A,实在是太难扔掉了。AQ还有一个附加的面子属性,扔掉AQ的人总会被认为很怂,其实不必这么想。丹·哈灵顿在他的书里建议MTT前期枪口拿到AQ不同花可以扔掉,克里斯·玛尼梅克也认为SNG前期非对牌只玩AK。但是,即使我拿着AQ被AK赢了无数次,即使我知道还会输掉更多次,但是还是控制不住自己的手,不知道您是不是这样?

翻牌前打法

下面我们来具体讨论不同底牌翻牌前的打法。在前文"一手牌的要素"中曾经讲过,脱离那10个影响牌力的因素讨论底牌没有意义,为了表达方便,我们把讨论设定在如下情况发生。

1. 这是一场9人SNG的比赛。
2. 9个玩家的筹码差别不大。

3. 盲注相对筹码很小。

4. 你对其他玩家的打法并不了解。

我们的基本策略是谨慎，因为在比赛刚开始的时候，盲注较小，彩池往往不大，不值得为之冒太大的风险。下面分情况进行讨论（不要死记硬背这些打法，仅作为思考方式参考）。

情况1：你前面的所有玩家都弃牌

AA，KK：当你在前段位置（1~3位）时，跟注，设一个陷阱。当你在中段位置(4~6位)和按钮时，加注（如果不强调加注的数量，一般指3倍大盲注，下同）。当你在小盲注时，跟注，此时你不必担心后面有很多玩家进入彩池，在单挑中，AA和KK都非常强。

QQ，JJ：除了小盲注之外的所有位置都要加注，在小盲注我会用QQ跟注，JJ加注。

TT-88：前段和中段位置跟注，按钮或小盲注加注。

77-22：任何位置都要跟注。

AK：任何位置都要加注。

AQ：它们并没有你想象得那么强，在前段位置我会弃牌，中后段位置我会加注。

AJ，KQ：很危险的牌，前段和中段位置我会扔掉，按钮和小盲注我会加注。

同花连牌：同花连牌也是投机牌，但是相对口袋形成大牌的概率低了很多，有时候便宜看进去也不错。前段位置我会弃牌，中段和后段位置可以跟注。

翻牌前技术

其他所有牌： 因为小盲注总有3：1的彩池赔率，拿到其他牌在小盲注可以跟注，在其余位置我会弃牌。

情况2：你在中段位置，前段位置有玩家加注到3倍大盲注

大卫·斯科兰斯基《高级玩家比赛教程》中提出了一个很重要的理论：

> 如果在你前面有人加注，那么你要拿着比在他的位置加注的牌更强的牌才能跟注。

这个理论简称为"间隔理论"。间隔理论简单实用，你应该记住它。当你遇到前面有玩家加注的时候，间隔理论就派上用场了。

AA，KK，QQ： 反加注到10倍大盲注。AA的目的是扩大彩池，QQ的目的是获得对手底牌更多的信息，KK介于两者之间。

JJ-22： 跟注。这里我不得不提一个很著名的理论，虽然它没有名字，但是我称它为"1/15理论"，提出这个理论的是2003年的WSOP冠军Chris Moneymaker，他认为：

> 比赛早期，如果你跟注的花费小于你筹码的1/15，那么你可以跟注所有中小口袋。

1/15理论建立在暗三巨大的潜在回报率和很小的风险上，一旦你看出暗三，你可能会赢很多；没看出来暗三，大多数情况你就弃牌了。输不会输太多，但是赢会赢很多，这就是暗三的强大之处。

AK： 加注、跟注或弃牌都可以，视对手风格和牌桌局势而定。

AQ：如果是同花，可以考虑跟注，不是同花，弃牌。

其他所有牌：弃牌。

情况3：你在中段位置，前段有玩家跟注

AA-JJ：加注到4~5倍大盲注。加注的目的有两个，一是扩大彩池筹码数，二是减少进入彩池的人数。

TT-22：跟注。主要目的还是希望可以看出暗三。

AK，AQ：加注到4~5倍大盲注。加注的目的和高对一样。

同花连牌：如果你后面的玩家都比较紧，可以跟注，如果比较松，弃牌。

其他所有牌：弃牌。

情况4：你在后段位置，前段位置有玩家加注到3倍大盲注，中段位置有玩家加注到9倍大盲注

你现在的位置被称为三明治位置，夹在两个玩家之间，你的决定不会结束这圈下注，这个位置非常不利。

AA，KK：加注，你的目的除了扩大彩池之外，还希望赶走这两个加注玩家中的一个。

QQ：通常我会跟注，但如果我有可靠的读牌信息我也可能会加注或弃牌。

所有其他牌：弃牌。

情况5：你的后段位置，前面有3个玩家跟注

翻牌前技术

AA–QQ：加注到5倍大盲注。因为你不希望太多人进入彩池。

JJ–22：跟注。

AK：加注到5倍大盲注。如果彩池够大，甚至可以全下。

同花连牌：跟注。

其他所有牌：弃牌，包括AQ。

习题3

习题3.1

位置与筹码：【玩家A 2000】

【玩家B 2000】

【玩家C 2000】

【玩家D 2000】

【玩家E 2000】

【玩家F（你） 2000】

【玩家G 2000】

【SB 1980】

【BB 1960】

局势：9人在线SNG的第一手牌，你不了解对手。

盲注：20/40。

你的底牌：8♥8♣。

到你说话：玩家A弃牌，玩家B跟注，玩家C~E都弃牌，彩池里有100筹码。

问题：你该怎么办？

答案：这是第一手牌，而且你对其他玩家并不了解，盲注还很小，这时候你应该趋向于保守，口袋8扔掉很可惜，加注又不够，前面有个溜入彩池的玩家对你来说是件好事，跟注，期待翻出暗三。

行动：你跟注。小盲注弃牌，大盲注玩家加注到160筹码，玩家B弃牌，彩池里有260筹码。

问题：你该怎么办？

答案：彩池里有260筹码，跟注要花费你120筹码，这为你提供了大约2∶1的彩池赔率。如果大盲注是两高牌，如AK，那么你们的实力差不多；如果他是99+，那你就有大约4∶1的劣势，由于两高牌的牌型要多于对牌，所以综合考虑，你的劣势大约在2∶1，约等于彩池赔率，可跟可不跟。但是有两点支持你跟：第一，你的位置好于大盲注，以后的每回合都是他先行动，你的位置可以免费帮你获得信息；第二，你有很高的隐含赔率，一旦你看出一个暗三，那你可以大赚一笔，所以，这里应该跟。

行动：你跟注。彩池里有380筹码。

翻牌：A♥ 5♣ 2♠。

行动：对方下注200筹码，彩池里有580筹码。

问题：你该怎么办？

答案：虽然对方的下注很像在偷，但是这里你还要相信他。无论他有一个A还是有一个高对你都没有优势，比赛才刚刚开始，机会还有很多。虽然你白白扔进去了160筹码，但是你买到了一次机会，不要期待每次投资都获得回报，只要长期期望值为正就可以。

习题3.2

位置与筹码：【玩家A 1500】

【玩家B 4550】

【玩家C 1700】

【玩家D 3700】

【玩家E 3500】

【SB（你） 2400】

【BB 500】

局势： 9人SNG前期，两个玩家已经被淘汰了，玩家D很谨慎。

盲注： 50/100。

你的底牌： A♥J♥。

到你说话： 玩家A～C都弃牌，玩家D加注到300筹码，玩家E弃牌。彩池里有450筹码。

问题： 你该怎么办？

答案： 弃牌。你有3个不利因素：第一，你后面有一个尚未行动的玩家，你现在正处在三明治的位置；第二，进入彩池后，每次都是你先行动；第三，AJ并不强大，即使是同花，特别是你面对一个谨慎玩家时。

行动： 实际上你跟注了250筹码，大盲注玩家弃牌，现在彩池里有700筹码。

翻牌： A♣T♣6♠。

问题： 你该怎么办？

答案：两个好消息两个坏消息。好消息一个是大盲注玩家弃牌了，一个是你击中了A。坏消息是有两个梅花，还有一个T，梅花可以帮助对手形成同花抽牌，T让你失去了战胜Ax牌型的机会——无论他是AK、AQ还是AT，你都无法战胜他。但是这里你还要下注，因为你先行动，你只能通过下注来获得更多信息，我会下300筹码。

行动：实际上你下了400筹码，对方跟，现在彩池里有1500筹码。

转牌：3 ♥。

问题：你还有1750筹码，你继续下注吗？

答案：你首先做的不是考虑下注还是不下注，而是要考虑对手跟注意味着什么。第一，他在抽花；第二，他拿到一手大牌在挖坑，如AA，TT；第三，他拿到了一手不自信的牌，在等待你的进一步行动，如KK、QQ、AJ。由于对手是个谨慎玩家，我更倾向于第二种，我会让牌。

行动：实际上你选择了继续下注，你下注了500筹码。对手全下，你剩下1000筹码，你该怎么办？

答案：你的筹码迅速从2400变成了1000，这是个骑虎难下的时刻，如果弃牌，就剩下1000筹码了，下面的比赛将很艰难；如果跟注，输了你就被淘汰了。当然，你可能会赢，让筹码翻倍，但是根据对手的表现你获胜的概率不大，虽然很痛苦，但是我还是会选择弃牌。

行动：实战中你选了跟注，对手亮出来AK，河牌是8 ♣，没有

翻牌前技术

帮助你。

AK很强，AQ也不错，但是你要记住你在AJ上输了多少钱，而且你还将继续输下去。玩边缘牌一定要有一个重要的能力，就是扔掉第二好的牌，显然，这里我们的小盲注玩家不具备这个能力。

还有一点要说明，这里我对对手的打法不敢苟同，AK在面对花面的时候跟注显得太软了，对手很可能是在抽花。当时彩池有1100筹码，非常有吸引力，应该加注或全下拿下。虽然这次他赢了，但是下次呢？

习题3.3

位置与筹码：【玩家A　2300】

【玩家B　2700】

【玩家C　5800】

【玩家D　3200】

【SB（你）　1600】

【BB　2100】

局势： 9人SNG中期，还剩6个玩家。

盲注： 100/200。

你的底牌： A♠K♥。

到你说话： 玩家A弃牌，玩家B加注到500筹码，玩家C弃牌，现在彩池里有800筹码。

问题： 你该怎么办？

答案： 这里你应该全下。你现在只有1600筹码，彩池里有800筹码，是你筹码的1/2，如果你全下所有人都弃牌，那你很高兴拿下这个不小的彩池。即使对方跟注，你也不必担心，只有对方拿着AA或KK你才有很大的劣势，但是你已经有一个A和一个K了，对方有AA或KK的可能性大大减小了。还有一点，就是你的位置。你是小盲注，翻牌后你将第一个行动，这很不利，全下可以消除这个位置劣势。

行动：你全下，大小盲注弃牌，玩家B跟注，亮出A♥Q♣。翻牌是T♦A♦8♠4♥7♦，你的AK坚持到了最后。

习题3.4

位置与筹码：【玩家A 3400】

【玩家B 2100】

【玩家C 3100】

【玩家D（你） 4200】

【SB 2400】

【BB 2650】

局势：9人SNG中期，还剩6个玩家。

盲注：50/100。

你的底牌：A♣K♠。

到你说话：玩家A加注到300筹码，玩家B和C都弃牌，现在彩池里有450筹码。

问题：你该怎么办？

答案：跟牌。第一，AK是最强的非对牌，弃牌在这里明显太弱了；第二，全下有些草率，如果对方用QQ或JJ跟了你的全下，你只能靠运气了，现在盲注还很小，你的筹码还很多，你还有充分的时间利用你的技术；第三，你的位置很好，翻牌后你最后一个行动，你可以让位置而不是筹码帮助你获得更多信息。

行动：你跟注，大小盲注都弃牌，现在彩池里有750筹码。

翻牌：9♦9♠6♣。

行动：对方让牌。

问题：你该怎么办？

答案：对方已经示弱了，这里你应该下注1/2彩池，这个下注保证你每3次只要赢一次彩池就可以收支平衡。如果对方反加注，那么你就弃牌，如果对方跟注，你要根据转牌和转牌后对方的表现再做下一步的决定。

行动：你下注400筹码，对方弃牌。

习题3.5

位置与筹码：【玩家A 1700】

【玩家B 2840】

【玩家C 1810】

【玩家D 2100】

【玩家E 2110】

【玩家F 3680】

【SB（你） 1780】

【BB 1890】

局势：9人在线SNG早期，玩家F很优秀，他已经淘汰了一个玩家。

盲注：30/60。

你的底牌：Q♦ Q♣。

到你说话：玩家A跟注，玩家B~E弃牌，玩家F加注到240筹码，彩池里有390筹码。

问题：你该怎么办？

答案：QQ是个很强的底牌，但是这里你不应该全下，加注600~700筹码，这个加注足以看清前面玩家的牌力强弱。

行动：你加注到810筹码，大盲注玩家弃牌，玩家A全下，玩家F跟注，现在彩池里有4270筹码。

问题：你该怎么办？

答案：你加注的有点多，可能因为这样下注你正好剩下1000个筹码，但是多余的下注没有实际意义，你应该学会节省。玩家A的全下很可能意味着他在拿大口袋挖坑，玩家F加注和跟注全下也意味着他的底牌很强，此时，你的QQ显然不够大了。这种情况，我只有拿到AA或KK才会跟注。

行动：你弃牌，玩家A亮出KK，玩家F亮出AA，没出现第三个K。玩家A成功地吸引了两个人加注，他打得没错，但是很遗憾，他遇到了更强的AA。玩家F在你无意的帮助下赢得了一个大彩池。

习题3.6

位置与筹码：【玩家A（你） 3400】

【玩家B 2700】

【玩家C 5000】

【玩家D 1200】

【玩家E 2500】

翻牌前技术

【SB 2100】

【BB 800】

局势：9人在线中期，还剩7个玩家。

盲注：100/200。

你的底牌：A♣ Q♥。

问题：彩池里有300筹码，你第一个行动，你该怎么办？

答案：弃牌。第一，在有7个玩家的桌子，AQ不同花不强；第二，你在枪口位置，这个位置非常不利；第三，你后面有两个短筹码玩家，他们可能做出绝望的一搏，在单挑的时候AQ并不是很强。

行动：你加注到600筹码。玩家B~E弃牌，小盲注玩家弃牌，大盲注玩家全下。彩池里有1700筹码。

问题：你该怎么办？

答案：问题到这里就简单多了，彩池为你提供了1700：400的赔率，大于4：1，AQ没有理由不跟。

结果：对方亮出TT，很遗憾，最终你没击中A或Q。不要抱怨你抛硬币输给了对手，AQ在枪口位置加注是问题所在，你的筹码数量很好，应该等待更好的机会。

习题3.7

位置与筹码：【玩家A（你） 1600】

【玩家B 1380】

【玩家C 1480】

【玩家D 1700】

【玩家E 1260】

【玩家F 1780】

【玩家G 1560】

【SB 1280】

【BB 1400】

局势：在线MTT比赛早期，起始筹码为1500。

盲注：20/40。

你的底牌：A♥ A♦。

问题：彩池里有60筹码，你先说话，你该怎么办？

答案：盲注还很小，拿到AA你不应该满足只拿到那池底的60筹码。溜进去，等待对手加注。

行动：你跟注，玩家B弃牌，玩家C跟注，玩家D和玩家E弃牌，玩家F跟注，玩家G弃牌，小盲注跟注，大盲注跟注。彩池里有5个玩家，200筹码。

翻牌：8♠ 5♠ 6♥。

问题：你第一个行动，你该怎么办？

答案：两个对你不利的消息：一是5个玩家进入了彩池；二是翻牌有顺面和同花抽牌。这里一定要加注，观察对手的反应。加注到150~200筹码是不错的选择。

行动：你加注到300筹码。玩家C弃牌，玩家F跟注，大盲注和小盲注弃牌。彩池里有800筹码。

翻牌：K♠。

问题：到你说话，你该怎么办？

答案：你加注有些多，但是玩家F还是跟注了，你在行动前要

翻牌前技术

思考他为什么会跟你。翻牌前他面对两个跟注玩家没加注,这表示他拿到大口袋或者两高牌的可能性不大,他很可能拿的是投机牌,如88、66、55、97或者87、67、A♠x♠,如果是前者,他在挖坑,如果是后者,他在抽牌。两者对你都不利,你应该继续下注,200~300筹码。

行动: 你下注260筹码,你的筹码还剩1000,对方加注到600筹码,你该怎么办?

答案: 弃牌。对方有一手大牌,暗三或顺子,K♠的出现让他开始担心同花的可能,所以他急于拿下这个彩池。记住,当转牌对方开始展现实力后,你要重新评估顶对的大小。

行动: 实际上你跟注了,彩池里有2000筹码。你还剩下660筹码,玩家F还剩840筹码。

河牌: T♣。

问题: 你还剩下660筹码,玩家F还剩840筹码,怎么办?

答案: 让牌,期待他也让牌。

行动: 你让牌,对方下注200筹码,彩池里有2200筹码,你该怎么办?

答案: 弃牌,很明显,对方在尽可能扩大他的彩池,他担心全下把你赶走,他给了你2200:200的彩池赔率,虽然这个彩池赔率很合适,但是你没有必要再送筹码了。

行动: 你跟注,对方亮出9♥7♥,天顺。不要迷恋AA,AA不代表必胜。

翻牌后技术

　　德州扑克之所以是一种竞技游戏而不是赌博，是因为在翻牌前你拿不到一手不可战胜的底牌。假如你玩21点，你拿到黑杰克（AJ），你就已经获胜了，或者你玩扎金花，你拿到3个A就不会输了，这个时候你要考虑的只是如何赢得更多的钱。但是在德州扑克里，即使你拿到AA，面对随机底牌你也只有大约85%的胜率（注意，我说"只有"是因为很多人认为拿到AA就一定会获胜）。

　　德州扑克真正的战斗是从翻牌后开始的，随着公共牌一张张地发出，你不得不一次次重新评估你的牌力，即使底牌是AA，9人桌看到河底的胜率也不超过40%。发下来的牌越多，组合也越多，需要你考虑的变化也越多，这是最考验一个牌手技术和经验的时刻，德州扑克的魅力在这个阶段最能体现。翻牌后可分为翻牌圈、转牌圈和河牌圈，这里先讲翻牌圈打法，然后在翻牌圈的基础上进一步讨论转牌圈与河牌圈。不过，在此之前，我们先来看看翻牌后你都可以做出什么行动。

德州扑克　战术与策略分析

翻牌后行动

翻牌后的行动包括下注、跟注、诈唬、观让、反加注、弃牌。下注可以分成价值注、试探注、最小注、控制注。诈唬可以细化为完全诈唬和半诈唬。

价值注

价值注名副其实，你相信你现在非常可能拿到了最好的牌，你想让更多的筹码进入彩池。你不必在有绝对把握的情况下才下注，除了在你拿到坚果牌这种极其稀有的情况下，你的牌最好仅是猜测。但是在扑克里，你不得不依据猜测行动。通常价值注在1/2~1个彩池之间。

价值注可以完成的作用包括以下几个。

建立彩池：在扑克里，当你有优势时你的首要目的之一就是建立彩池，而在你有劣势时要维持彩池不扩大，价值注可以完成这个目的。

赶走好牌：如果你错了，你没有拿到最好的牌，一个下注仍然可以让边缘牌弃牌，赢得一个你可能输掉的彩池。

控制赔率：如果你的对手正在抽一手可以击败你的牌，你应该通过下注阻止他获得合适的彩池赔率，他要么不得不弃牌，要么在期望值为负的情况参与彩池。

获得免费牌：你的下注给你建立了一个你有好牌的形象。接下来的下注圈比你牌好的对手可能会减少下注，给你一张免费牌。

试探注

试探注比价值注要小（常见的是1/3到半个彩池），而且功能也不同。试探注发生在你不认为你拿到了最好的牌，但是你又有一些原因想下注的时候。就像在草丛中的猎人，你在那里"试探"能打到什么动物。

试探注的作用包括以下几个。

赢得彩池：意外收获。

建立控制：领先下注并建立一个强硬的形象可以使你获得一张或两张免费牌。

阻止大注：拿着边缘牌的玩家更倾向于下注而不是加注。领先下注可以使得本来想下一个大注的对手只是跟注，使你更便宜地看到下轮（或摊牌）。

赶走弱牌：在一个多人进入的彩池，试探性下注可以使得那些抽牌的人弃牌而避免跟出一个幸运牌击败你。

最小注

最小注指的是允许下注的最小数额，一般是一个大盲注。最小注通常在两种截然相反的情况使用，一是拿到非常大的牌，二是拿到一手没信心的牌。也正因为最小注有两种解释，所以你的对手不会读出你的含义。

最小注的作用包括以下几个。

扩大彩池：拿到大牌的时候，如葫芦，一方面担心下价值注或试探注会吓跑对手，另一方面担心让到河牌对手没等到想要的牌造成自己一无所获，这种情况可以下最小注给对手极大的抽牌回报率以扩大自己的彩池。

赢得彩池：有时候，对手可能拿着一手毫无价值的牌，如果他不想偷注，那他面对任何下注都会弃牌。你可以通过最小的代价赢得一个彩池。

控制注

当你下注的时候，你实质上是在控制对手跟牌的彩池赔率。控制彩池赔率的能力是无限注德州扑克的一大要素，它融合了许多技术。在有限注德州扑克里，下注的大小是预先设好的，随着彩池的增长，下注变得可以忽略不计了。如果玩有限注德州扑克时你在抽花，你大约有4∶1的劣势，但是彩池非常大，对手的下注仍然给你提供了10∶1的彩池赔率，你轻松地，甚至不假思索地跟注。很多时候有限注德州扑克就是这样，因为成牌下的注很小，抽牌很容易获得一个非常好的彩池赔率，最终抽到牌。

翻牌后技术

但是在无限注扑克里，抽牌是个大问题。如果对手想阻止你抽牌，他可以下一个彩池大小的注，把你抽牌的彩池赔率降低到2∶1左右，如果你相信你有巨大的隐含赔率就继续，否则只能弃牌。

从另一个方面说，下一个小注，可以给对手提供很好的彩池赔率，引诱对手留在彩池继续抽牌。让我们看下面这个典型的例子。

牌例4.1

在线无限注德州扑克游戏，盲注20/40。翻牌前，你之前所有人都弃牌，你在关煞位。你拿着

你加了个小注到80个筹码。按钮弃牌，但是小盲注跟了60个筹码。大盲注弃牌。彩池现在有200个筹码，你在好位置，只有一个对手。

翻牌是

你的对手让牌。这是一个非常吓人的翻牌，有3张高牌，而你的底牌只是97。但现在，你有一个内嵌抽顺（J可以使你成为顺

子)。你不知道自己所处的境地,带着4张出牌,你让牌。

转牌是

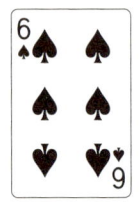

6♠对你有帮助,因为你又拿到了一个内嵌抽顺。这次在低端8会给你一个顺子,现在你可能有8张出牌。

你的对手现在下注40个筹码。这是非常奇怪的下注,给你提供了6∶1的赔率。现在你看见了6张牌,所以还剩46张。在这些牌当中,就目前你了解的,8张会使你成为顺子并获胜,而38张会输。你抽牌的赔率是38∶8,或者说略小于5∶1。你实际上得到了跟注的合适赔率,额外还有隐含赔率(你的对手可能有AJ这样的牌,倘若如此,即便抽到也无法获胜。但是目前对手下注的迹象并不符合拿到这样一手大牌的情况)。

你跟注,使得彩池有280个筹码。河牌是

你凑成了顺子。他让牌,你下注160个筹码。这个数量非常好;你十分确信你能赢这手牌,但是你又不想下得太多得不到回报。对手跟注,亮出

翻牌后技术

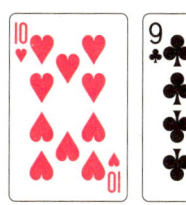

你赢得了一个不错的彩池。

注意对手的行为。他在翻牌拿到了底对，但是他担心自己并不大。不过你让牌了，而且转牌出现了一个无关紧要的牌，这时他想拿下彩池，但是他还是很害怕，所以下了个小注。这个注太小了，以致给了你合适的抽牌赔率——用前面提到的2法则我们知道8张出牌有16%的机会抽到。结果你抽到了，并击败了他，而且在河牌多赢了160个筹码。假设他下了一个不小的注，如120或140个筹码，你可能在转牌就弃牌了，不会再奢望拿下彩池。

下注不应该符合你的牌力，而应该符合你在某种局势下的表现。

观让

观让看似是一种消极的行动，实则仍然是一个重要的策略，而且它可以带来许多好处。

保护中等牌：如果你没有好牌，唯一获胜的办法就是诈唬。但是如果你有一个中等牌，我们叫"好到可以让牌的牌"。你不想下注，但是也没有弱到非要诈唬才能获胜。相反，这手牌可能会摊牌获胜。这时你应该观让，冒最小的风险以图看到河底。

减少下注圈：假设翻牌后你拿到了顶对，现在这手牌可能是桌面最好的牌。但是如果每一圈你下注都被跟注，看到河底你的顶对没有提升牌力，你的牌可能就不是最好的了。这似乎有些自相矛盾。可能你有强牌，但是随着彩池成几何级数增长，这不是一手你每圈都想加注的牌。让牌是种解决方案。你可以选择翻牌观让转牌下注，或者翻牌下注转牌观让，每种方案都可以达到减少下注的目的。通过减少下注发生的圈数，你可以根据你的牌力维持彩池的数量。

诱捕：诱捕指的是观让一手好牌示弱，误导你的对手。你可以用Check-raise快速收益，也可以再次让牌或跟注，保持欺骗的权利以便在下轮获得更多的利益。

反加注

反加注按发生情况可分为3种：第一种是对手加注你反加注；第二种是你让牌对手加注你反加注；第三种是你加注对手反加注你再反加注。反加注的作用包括以下几个。

展现实力：反加注通常是一种实力的展现，告诉对手你有大牌，敢于和对手玩一个更大的彩池。

警告对手：如果你加注被反加注后再反加注，你是在告诫对手，"我的加注不是偷注，而是有很强大的实力做后盾，请尊重我的加注"。如果你让牌对手加注你反加注，你是在告诉对手，"你中计了，我是在Check-raise，不要以为我让牌我就没牌，下次我让牌你不要轻易下注"。反加注可以使你赢得更多尊重，使你的对手不愿与你竞争同一个彩池。

诈唬：一般来说，用反加注诈唬比直接诈唬效果更好，Checkraise通常被看作阴谋得逞的做法,而不是诈唬。

跟注

一场马拉松比赛,最后获得冠军的运动员往往是紧跟在第一名后面的那个人。跟注也是如此。跟注的作用有以下3个。

挖坑:当你有一手几乎不可战胜的牌(如葫芦、A同花)时,你担心对手被你的加注打跑,那么你可以选择冷冷地跟注,以吸取更多筹码。

抽牌:当你的牌需要进一步加强才能战胜对手时,如果彩池赔率或隐含赔率合适,那么你可以跟注抽牌。但是要注意,在比赛中,抽牌需要的彩池赔率要比现金游戏中大些,因为在比赛中筹码越多越不值钱。

观望:有时候你不知道自己的牌究竟比对手强还是比对手弱,这时候可以跟注结束这一个下注圈,观察对手下一个下注圈的行动后你再做出决定。

诈唬

诈唬的意思是弱牌尝试装作大牌下注以期望赢得本来不能赢得的彩池。

除了使你在处于劣势的时候可以赢牌之外,诈唬还有其他的重要功能。

开启未来的(诈唬)下注:也被称为"多重打击"。如果你在翻牌诈唬被跟,你不一定非要放弃这手牌。你可以在转牌再次诈唬

（"开第二枪"），如果你再次被跟，你可以在河牌继续（"开第三枪"）。如果对手不是拿到很强的牌很难连续跟3个渐增的下注。如果你连开3枪你获胜的机会就会非常大。但是当不成功的时候，你可能会失去所有筹码。

建立信任： 在扑克里，如果你从不诈唬，你不会有收益。一旦你的对手弄清你的下注意味着下注的真正含义，他们基本上就会知道你有什么牌了。一旦这样，你只会赢得一些小彩池而输掉大彩池——这是失败的秘方。为了当你拿到一手大牌时使对手跟你，必须让他们相信你有能力诈唬。所以每隔一段时间，你必须来一次诈唬。

半诈唬

半诈唬，由David Sklansky创建的术语，一种独特的下注类型，不完全是价值注也不完全是诈唬，兼有两者的特点。半诈唬应用在抽牌对抗一手可能的成牌的时候。这种下注有两种获胜方式：对手的成牌弃牌或者我们抽到牌击败对手。

举例来说，假设你有

翻牌是

翻牌后技术

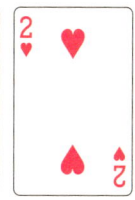

你有一张梅花抽牌和一张过牌（A，比桌面上的牌都大的牌），有12张出牌，你可以领先下注。如果你的对手弃牌，你赢得彩池，是一个不错的结果。如果你的对手有一对，他可能跟注。如果你没有击中转牌，你在翻牌的强硬可能使对手失去下注的勇气，这样你能获得击中河牌的机会。有12张出牌，如果看两张牌，你有44%的机会成牌。

用数学知识会显示半诈唬的威力。让我们再来看看那手牌，假设你确信下注后对手有30%的可能性会弃牌，而如果对手跟注，你大约有44%的机会击中你想要的牌并摊牌获胜。如果我们的估算是正确的，你会有30%的机会立即获胜，还有30.8%的机会摊牌获胜：

$$30.8 = 0.7 \times 0.44$$

那么你总共有60.8%的获胜机会。你的半诈唬为你提供了实实在在的优势（虽然如果下注过高你会损失）。

在你准备半诈唬前，请注意以下几种情况可能会让你的乐观估计失算。

- 相对于对手的牌，你认为对手有30%的弃牌可能性太高了。
- 当你半诈唬时，你的对手可能加注而不是跟注，如果这样，你的计划就落空了。
- 如果转牌你没抽到牌，你不一定会免费看到河牌，你的对手可能会下一个大注迫使你弃牌。

· 你成牌了，但是你发现对手的牌更大。

简单来说，半诈唬是你兵工厂中的一种武器，但不是绝对获胜的策略，慎用。

弃牌

观众更愿意看到两个牌手全下，公共牌发得跌宕起伏，最后，转牌落后的玩家靠小概率河牌惊天逆转。这样的情节的确吸引眼球，但是在一个优秀牌手看来，这样的牌局技术含量很少。我认为最好看的场面不是击中小概率河牌赢得彩池，而是经过慎重思考，扔掉了一手非常强的牌，而对手恰恰比自己的牌更强，比如读出对手是AA扔掉了自己的KK，读出对手是A同花扔掉了自己的K同花。弃牌的作用包括以下几个。

减少损失：如果你已经判断出自己被击败了，就没必要增加自己的损失。减少损失等于获得收益。当然，如果跟牌需要的筹码微乎其微，可以帮助自己看到对手的底牌，那么也可以考虑在已经确认被击败的情况下跟注。但必须注意，不要因为自己的好奇心而下注。

不给对手隐含赔率：如果你控制了对手抽牌的彩池赔率，但是他还是选择抽牌，并且抽中，那你要弃牌。虽然他赢得了这手牌，但是他会认为你不会给他很高的隐含赔率，以后彩池赔率不合适就不跟注了。这会对你以后的控制有很大的帮助。

建立形象：如果你经常弃牌，对手会认为你很紧，这时候你可以适当地进行诈唬。

翻牌打法

Gus Hansen是个典型的攻击流牌手,但是你仔细观察他打牌会发现,他在翻牌前的确非常具有攻击性,但是翻牌后,他就变得异常精明,他曾一语道破天机:"德州扑克是翻牌的游戏。"的确如此,翻牌后60%的公共牌都已经出现了,而且在转牌或河牌进一步提高牌力的可能性通常不会太大。

与翻牌前一样,翻牌后脱离"一手牌的要素"中介绍的那10个因素讨论牌力的强弱仍然没有价值,为了便于说明,我们还是假设几个条件。

1. 只有你和另一个玩家进入彩池。
2. 你对他没有明显的读牌。
3. 你们的筹码相对盲注都很大。

情况1:大牌

这里所说的大牌指的是一些很难被战胜的牌,如同花顺、四头、葫芦、天同花、没花面的天顺。注意,这里说的是很难,而不是不能,除非你拿到坚果牌,否则你始终有被击败的可能。Edward Murph说过:"可能发生的事情就一定会发生(Anything that can go wrong will go wrong)。"但是在扑克世界,你不可能只在拿到坚果牌的时候才敢放开玩,上述的几种牌型从长期盈利的角度看已经足够大了。拿到这些牌你应该挖坑，尽量多赢一些筹码，因为这样的机会实在难得。拿到大牌我通常这样打。

我先行动：让牌，如果对手加注，我通常会跟注，继续挖坑等待对手往里跳。

我后行动：如果对方下注我会跟注隐藏自己的实力。如果对方让牌我通常也会让牌，等他下次行动后我再决定，但如果对手是"跟注机器"（那些特别喜欢跟注的玩家），我会下试探注或最小注扩大彩池。

情况2：暗三

暗三像狙击手一样致命而又隐蔽，躲在暗处将对手爆头。即使对手在转牌形成了同花或顺子，河牌你仍然有20%的机会形成葫芦或四头战胜他。虽然同花连牌在翻牌无论拿到天同花还是天顺都比暗三大，但是这种概率不到2%，根本不值得期待。更郁闷的是翻牌给了你一手抽牌，抽不中会让你损失很多。口袋不是这样，翻牌后你形成同花的概率要大于10%，而即使没有形成也没关系，你可以毫无遗憾地扔掉小对。拿到暗三我会这么打：

我先行动：如果没花面或顺面，我会按照大牌那样去玩暗三。如果有很强的花面或顺面，如3个同花牌或3个连续牌，那么我会下一个大注争取在这里拿下彩池。如果有同花或顺子的抽牌，我会下控制注，对方跟注我根据转牌再做决定。如果对方反加注我会跟注挖坑或者反加注。如果对方弃牌，我拿下彩池后会亮牌，告诉对手我的试探注非常有威力，为以后偷注做准备。

翻牌后技术

我后行动：如果有花面或顺面，对方加注我会反加注以澄清我的牌力，对方让牌我会下控制注。如果没有花面或顺面，对方加注我会跟注，对方让牌我会让牌或下试探注。

情况3：两对

这里所说的两对指的是公共牌没有对牌情况下的两对。两对的情况比较复杂，我们假设翻牌为3张不同的牌，分别称为最大翻牌、中间翻牌、最小翻牌，那么两对可能是由最大翻牌和中间翻牌组成的，也可能是由中间翻牌和最小翻牌组成的，两者的强弱有很大差异。两对不像暗三那么强，对方只要一个三头就可以击败你，所以拿到两对我们不应该拖下去，应该尽早解决战斗。

我先行动：在没花面或顺面的情况下，如果我是最大翻牌和中间翻牌或者最大翻牌和最小翻牌组成的两对，我会选择让牌挖坑。如果我是中间翻牌和最小翻牌的组成的两对，我会加注争取拿下彩池。

我后行动：在没花面或顺面的情况下，如果我是最大翻牌和中间翻牌或者最大翻牌和最小翻牌组成的两对，对方让牌我会让牌挖坑，对方加注我会反加注。如果我是中间翻牌和最小翻牌的组成的两对，对方让牌我会加注，对方加注我会反加注。

情况4：强对

强对指的是一个大的超对或一个大顶对顶边牌，如AA、KK、QQ这样的超对和AK翻出来个A或K，AQ翻出来个Q这样的顶对顶边牌。强对在翻牌不错，是翻牌可以All In的最小牌型。

我先行动：在没有花面或顺面的情况下，我会根据情况选择让牌挖坑或下试探注。如果有花面或顺面，我会下注3/4~1个彩池。

我后行动：在没花面或顺面的情况下，对方让牌我会下试探注，对方下注我会反加注。在有花面或顺面的情况下，对方让牌我会下3/4到1个彩池，对方加注我会反加一个大注拿下彩池。

情况5：边缘牌

边缘牌包括顶对弱边牌、中对。这样的牌不强，遇到对手强烈加注你要果断扔掉。玩好边缘牌需要很强的读牌能力，优秀的玩家可以扔掉第二好的牌。

我先行动：下试探注看对手的反应。

我后行动：对手强烈加注我会弃牌，对手下试探注我会跟注，对手让牌我会下试探注。

情况6：抽牌

在现金游戏，我们只要够得上彩池赔率就可以抽牌，如你确定你抽花能赢，那么在翻牌全下的情况，彩池赔率只要在2：1以上就值得去冒险。但是在比赛中，你必须要有更大的彩池赔率才值得抽牌，因为前面我已经证明过，在比赛中，筹码越多越不值钱，所以在比赛中应该尽量少玩抽牌，8张出牌（两头抽顺）以下的抽牌尽量不要去玩。

我先行动：如果是8张出牌以上的抽牌，我会下试探注，如果是8张以下，我会让牌。

我后行动：如果对手让牌，我有8张以上的出牌，我会根据我的读牌情况选择下半诈唬或者让牌。如果对手加注，我的出牌在15张（花顺两抽）以上，我会加注甚至全下拿下彩池，但在15张以下，除非彩池赔率特别高我会跟注，否则我会弃牌。

情况7：面对抽牌

面对抽牌一定要做到两点，第一，不要给对手合适的彩池赔率。面对对手的抽牌，我们通常要下一个较大的注来确保我们可以赶走抽牌的对手，虽然我们知道筹码越多越不值钱，但并不代表对手也知道。第二，不要给对手反向隐含赔率（即对手抽中牌后你跟注使对手获得的赔率）。一旦对手抽中牌，你要果断弃牌。通常我们不确定对手的出牌有几张，控制彩池赔率的能力是建立在良好的读牌能力基础能力之上的。

我先行动：如果你成功地读出了对手的抽牌出牌数，那么下注要较临界下注（就是彩池赔率和胜负比率相等的下注）大些，比如面对转牌抽花要下一个彩池。

我后行动：和先行动一样，如一定不要给对手合适的彩池赔率。

情况8：什么都没有

什么都没有不代表你会输掉这手牌，你仍然可以通过你的技术赢得彩池，也就是我们说的诈唬。但是不要滥用诈唬，诈唬偶尔用一用才有效，"狼来了"说多了就没有人相信了。诈唬的成功与否不只是运气问题，还取决于你的读牌能力。

德州扑克　战术与策略分析

我先行动：如果我是两个超牌（如我的底牌是AK，翻牌出现J73），有时我会选择诈唬，如果我的底牌很差，我通常会让牌。

我后行动：如果对方让牌，我会按照我的读牌结果选择诈唬，如果对方加注，我通常会弃牌。

转牌打法

通过对翻牌打法的讨论我们可以知道，如果两个人进入彩池，翻牌拿到顶对和不错的边牌已经很不错了，但是随着转牌的出现，一个顶对就显得不那么有力了。有个理论很好地说明了这个道理，这个理论是由用户名为"Baluga"的玩家在世界上最好的德州扑克论坛2+2上提出的，所以叫作Baluga理论，我们先看一个笔者在一次比赛中的真实牌例。

牌例4.2

这手牌发生在中国德州扑克嘉年华比赛的早期，盲注是100/200，大家的筹码都差不多，你的底牌是

你在小盲注位置，按钮玩家加注到500筹码，你跟注，大盲注玩家跟注，翻牌是

翻牌后技术

你加注到1000筹码,大盲注玩家弃牌,按钮跟注,转牌是

你继续下注1000筹码,按钮玩家反加注到3000筹码,你该怎么办?

答案: 这里你应该弃牌,只有一对不够。你已经展现了你的强硬,但是对手不但没有害怕,反而反加注,这表明对手不会拿着边缘牌,也不会在抽牌,他应该是两对或暗三。事实上他的底牌是Q♠Q♥。

牌例4.2的道理就是Baluga理论的核心内容:

> 通常,如果你在转牌面对一个强烈的加注,你要重新评估你一对的牌力。

在讲翻牌打法的时候我们说过,在翻牌顶对顶边牌是可以全下的最小的牌型,按照Baluga理论,在转牌,顶对顶边牌显然是不够的。下面我们在这个理论的基础上,对翻牌中提到的8种情况进行讨论,看看他们在转牌该怎么打。我们假设的环境还是这3点:

1. 只有你和另一个玩家进入彩池。

2. 你对他没有明显的读牌。

3. 你们的筹码相对盲注都很大。

情况1：大牌

同花顺、四头、葫芦依然强大，拿到这些牌的时候依然可以按照翻牌后拿到这些牌的打法来玩，挖一个深坑等着对手跳。但河牌或转牌拿到同花就不像翻牌拿到天同花那么放心了，你要担心更大的同花和葫芦。例如，你拿到了Q同花，你加注，对方反加注，这时候你就要考虑对方是否有A同花或K同花。同花一般很明显，桌面上有3张花色相同的牌，但是葫芦就比较隐蔽了。你拿到同花，而桌面上有两张一样的牌，如果这时候对手表现得很强硬，你就要考虑他是否拿到了葫芦。如果你拿到了顺子，除了要考虑是否有更大的顺子或葫芦之外，还要考虑对手是否有同花。

我先行动：如果你读出对手会加注，那么你应该让牌来挖坑。但是如果你读出对手在抽牌，那么你要下一个对方可以接受的下注，否则一旦对手在河牌没等到他要的牌你就赚不到筹码了。

我后行动：如果对手加注我会跟注，如果对手让牌我会下一个类似偷盲的小注，因为如果你让牌了，那么在河牌牌力没增强的情况下他很可能会继续让牌，不要给对方免费牌。

翻牌后技术

情况2：暗三

没有花面和顺面的暗三依然很强大，但是你要时刻注意你的威胁，河牌的出现会让你的暗三变得毫无价值。如果转牌不是彩虹牌，那么河牌就有形成同花的可能，而且一旦桌面的5张牌都出现了，那么它们有顺面的可能性会大大增加。所以拿到暗三在转牌不要轻易给对手免费牌。

我先行动：如果有花面或顺面你要下一个彩池左右的大注，用来澄清牌力或控制彩池，如果没有花面或顺面，你要加一个较小的试探注。对手一旦弃牌你要亮牌，告诉对手你加注往往意味着你有大牌，在获得筹码的同时获得对手的尊重。

我后行动：对手让牌我会下试探注。对手加注如果有花面或顺面我会反加注，如果没有我会跟注。如果有花面或顺面而且对手表现得很强硬，我会考虑弃牌。

情况3：两对

前面说过，翻牌的最小全下牌是顶对顶边牌，到了转牌，我认为最小的全下牌应该是两对，而且是较大的两对。两对进一步增加牌力变成葫芦的可能性很小，只有大约1/12，所以拿到两对应该尽量在转牌解决战斗。

我先行动：下注，1/3~1/2彩池，如果对方反加注，你要冷静思考，根据对手的风格和牌面的情况选择反加注、跟注或弃牌。

我后行动：对方让牌我会加注，对方加注我会根据情况选择反加注或者跟注。

情况4：强对

根据Baluga理论，在转牌强对已经不那么强了，一般来说，对手加一个大注或全下的时候，你要重新评估你一对的牌力。

我先行动：如果翻牌你拿到了强对，加注后对方跟注，而转牌对你毫无帮助，这时候你要下一个连续注，你的目的不是扩大彩池，而是通过这个下注来探听对手的虚实，你不该让牌，这等于向对手表明了你的恐惧。

我后行动：如果对手让牌，我会下1/2彩池左右来看对手的反应。如果对手加注，你要根据具体情况和对手风格选择反加注、跟注、弃牌。通常，在没把握的情况下我会选择跟注。

情况5：边缘牌

边缘牌在这个时候已经毫无意义了，你的下注和诈唬的区别已经不大了，除非你读出来对方的牌力比你还弱，否则不要跟注。

我先行动：你仍然可以下一个小点的试探注，不过遇到反抗要果断弃牌。

我后行动：如果对手让牌我也让牌，看一张免费牌；如果对手加注我通常会弃牌。

情况6：抽牌

这时候只有河牌没有发下，即使花顺双抽的抽牌率也不到1/3，如果对手加注，无论你在什么位置都要求你有极大的彩池赔率才能跟注。

翻牌后技术

我先行动：我会让牌，希望对手给我免费牌；如果对手加注，视彩池赔率而定。

我后行动：如果对手让牌，那么我很高兴得到一张免费牌；如果对手加注，视彩池赔率而定。

情况7：面对抽牌

当你转牌面对抽牌的时候还是应该像翻牌时候一样，做到控制彩池赔率和不给对手隐含赔率。但是有一点要注意，当你在转牌面对抽牌的时候，不要给对手免费牌，因为如果河牌对手没抽到，那么面对你在河牌的下注他会欣然弃牌，你就无利可图了。

我先行动：加注，较临界下注大些，如果彩池够大可以全下拿下这个彩池。

我后行动：对方让牌一定要加注，不要给免费牌。

情况8：什么都没有

桌面上有4张牌，你什么都没有，这两个因素综合作用的结果就是很可能对手有牌，如果这个彩池对你没有特别的意义（如输掉就被淘汰了），那么应该选择让牌或弃牌，不要浪费你的筹码。但是，对于某些特定的牌型，转牌与河牌比翻牌更适合诈唬。例如，你拿着

翻牌是

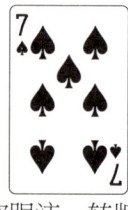

翻牌对方下1个彩池，你跟注，转牌出现了一个

这时候如果你非常想拿下这个彩池可以反加注，造成你抽牌成功的假象。

我先行动：让牌。特别局面和特定牌型可以选择诈唬。

我后行动：对方加注我弃牌，对方让牌我也让牌，特别局面和特定牌型可以选择诈唬。

翻牌后技术

河牌打法

河牌与转牌虽然都是发下一张牌，但是两者的差别是巨大的。首先，现在桌面上有5张牌，情况变得更复杂了。前面提到了Baluga理论，现在可以在Baluga理论的基础上更进一步，提出一个更普适的规律，虽然这个规律没有Baluga理论那么简明，但是它更有普遍性，我们称之为牌力递减规律：

> 通常，如果在转牌或河牌你的牌力没有增强，那么它们就减弱了。

其次，也是河牌与翻牌转牌最大的不同，那就是河牌是最后一张牌，发完它发牌就结束了，所以不能有抽牌了。基于以上两点，我们开始讨论河牌的打法，当然，玩家数目、筹码、盲注、读牌情况和转牌相同。

情况1：大牌

同花顺、四头、葫芦还是很强大的，但是如果你一路加注对方一路跟注，那么你就要注意你的K花或者后端顺子的大小了。假设现在你确定你的牌足够获胜了，那么你应该这么打：

我先行动：如果你读出你的对手是个喜欢偷盲的玩家，而且之前你河牌让牌后遇到对手加注都弃牌了，那么你可以让牌打个Check-raise。这么做不仅可以使你赢得更多的筹码，还可以让你的对手意识到你河牌的让牌不一定是示弱的表现，使他不敢轻易偷牌，这会增加你获得免费摊牌的机会。但是对于一个很紧的玩家你要下一个他会跟注的最大注，不要去钓他的鱼。

我后行动：这种情况比较简单，只要加一个适当的注，不让对手免费摊牌即可。

情况2：暗三

没有花面顺面的暗三还是很强的，但是你要注意，桌面上最多会有5种暗三，你的暗三够强吗？小暗三输给大暗三很正常，扔不掉也不是什么错误，但是你不应该有盲点。

我先行动：如果没有花面或顺面我会按照大牌的方式打，如果有花面和顺面我会下试探注，根据对手的行动决定我该怎么办。

我后行动：如果有花面或顺面对方加注我会根据情况考虑跟注或弃牌，对方让牌我通常会让牌。如果没有花面或顺面对方加注我会视我的暗三大小选择跟注或反加注，对方让牌我会下注。

情况3：两对

在河牌我的最小跟注全下牌还是两对，但是与转牌不同，我有顶两对才能全下。

我先行动：如果我的两对是较大的两对，我会根据牌面选择加注或让牌；如果我的两对是较小的两对，那么我会让牌。

我后行动：如果对手加注，我会根据牌面选择跟注或弃牌，如果对手让牌，我会根据牌面选择加注或让牌。

情况4：强对

它们已经不强了，但是你在很多时候还能获胜。在河牌，强对很像翻牌的边缘牌，需要你有很好的读牌能力才能打好。

我先行动：大部分情况我会让牌，但是有些时候我读出我比对手大我会下注。如果遇到强烈的加注我会弃牌。

我后行动：对手让牌大部分情况我也会让牌，但是如果我有强烈的读牌我也会下注。如果对手加注我会根据读牌选择跟注或弃牌。

情况5：边缘牌和什么都没有

如果在河牌你仅仅有边缘牌，那么等同于你什么都没有，只能通过诈唬来获得彩池，诈唬也是有条件的。

我先行动：让牌。特别局面和特定牌型可以选择诈唬。

我后行动：对方加注我会弃牌，对方让牌我也会让牌，特别局面和特定牌型可以选择诈唬。

习题4

习题4.1

位置与筹码：【玩家A 2000】
　　　　　　　【玩家B 2000】
　　　　　　　【玩家C 2000】
　　　　　　　【玩家D（你） 2000】

【玩家E 2000】

【玩家F 2000】

【玩家G 2000】

【SB 1980】

【BB 1960】

局势：9人在线SNG的第一手牌，你不了解对手。

盲注：20/40。

你的底牌：A♠K♠。

到你说话：玩家A~C都弃牌，彩池里有60筹码。

问题：你该怎么办？

答案：AKs是最强大的非对底牌了，你肯定要加注，我建议加注到160筹码。

行动：你加注到120筹码，玩家E和玩家F弃牌，玩家G跟注，大小盲注弃牌，彩池里有300筹码。

翻牌：K♥8♦3♠。

问题：你先行动，你该怎么办？

答案：首先，翻牌前你的加注有些少，但是效果达到了，只有一个对手和你竞争彩池。虽然你的位置不好，但是翻牌对你非常有利，没有花面或顺面，你拿到了顶对顶边牌，加注或者让牌都可以，但是这里我会让牌，原因之一是我希望对手加注然后我反加注多赢些筹码。原因之二是为了以后做准备，如果我这次成功地通过反加注拿下彩池，那么对手会忌惮我的让牌，他们会认为我在挖坑，这会使我看到更多的转牌和河牌。

行动：你让牌，对手下注200筹码，彩池里有500筹码，你该怎么办？

答案：我会加注拿下这个彩池。虽然你是顶对顶边牌，但是如果对方的底牌是个口袋或者击中了一个K，那么他只要一张牌就可以击败你，这是比赛的初期，你应该稳妥点，以后的机会还有很多。500筹码的彩池已经不少了，你应该很高兴地拿下。

行动：你加注到500筹码，对方想了很久，然后弃牌。

习题4.2

位置与筹码：【玩家A　2230】

　　　　　　　【玩家B　1700】

　　　　　　　【玩家C　1400】

　　　　　　　【玩家D　2100】

　　　　　　　【玩家E　2700】

　　　　　　　【玩家F　3050】

　　　　　　　【SB　2580】

　　　　　　　【BB（你）　2150】

局势：9人在线SNG早期，已经淘汰了一个玩家。

盲注：30/60。

你的底牌：A♦8♠。

到你说话：玩家A~C都弃牌，玩家D加注到180筹码，玩家E、玩家F、小盲注弃牌，彩池里有270筹码。

问题：你该怎么办？

答案：虽然你的底牌很弱，但是有两点支持你跟注。第一，彩池赔率。你只要投入120筹码就能参与一个270筹码的彩池，在有个A的情况下，你获得了大于2∶1的彩池赔率，这已经非常好了。第二，你不能让你的对手觉得你很弱，这是你的盲注，你要保护它，你要向对手传达一个信息：即使我的底牌不强，也休想轻易抢夺我的盲注。

行动：你选择跟注，彩池里有390筹码。

翻牌：8♣ 5♣ 2♥。

问题：你先行动，你该怎么办？

答案：不要着急做决定，先来分析一下翻牌。你拿到了顶对，但事实上你的牌并不强大。如果对方的底牌是个中口袋就可以击败你，而且这里既有花面又有顺面。但是，你还要下注，拿下彩池最好，如果对方跟牌你根据转牌再做决定，如果对方反加注你可以弃牌了。你没有好位置，你只能通过下注获得信息。

行动：你下注200筹码。对方跟注，彩池里有590筹码。

转牌：Q♥。

问题：你先行动，你应该怎么办？

答案：先来分析对手的跟注意味着什么，他可能击中了暗三在挖坑，也可能在抽梅花，还有可能他什么都没有，只是怀疑你在偷注，等待你继续行动。这里你还要继续下注，你希望获得更多的信息。

行动：你下注200筹码。对方全下。

问题：你应该跟注还是弃牌？

答案：弃牌，不用考虑，你已经被击败了，也不要去想对手的底牌是什么，那和你毫无关系。

习题4.3

位置与筹码：【玩家A 1600】

【玩家B 1050】

【玩家C（你） 1200】

【玩家D 1800】

【SB 1500】

【BB 1700】

局势：6人DON中期，起始筹码为1500，大盲注玩家很紧。

盲注：50/100。

你的底牌：9♦9♠。

到你说话：玩家A和玩家B弃牌，彩池里有150筹码。

问题：你该怎么办？

答案：还剩下4个玩家，你的位置也不错，这种情况口袋9值得玩。我会下注250筹码，在DON中，盲注100筹码的时候这个下注已经足够赶走一个谨慎的玩家了。

行动：玩家D跟注，大盲注和小盲注弃牌。彩池里有650筹码。

翻牌：A♣T♣9♥。

问题：你先行动，你该怎么办？

答案：你击中了暗三，但是桌面上既有花面又有顺面，这很危险。现在彩池里有650筹码，大于你现在拥有950筹码的一半，而且在DON中，筹码贬值得比SNG更快，所以你应该果断地拿下这个彩池。全下。

行动：你全下，对方跟注。他亮出来Q♣J♣，并在河牌击中了个梅花。对方花顺双抽，你输得不遗憾。

习题4.4

筹码与位置：【玩家A 2030】

【玩家B 2000】

【玩家C 1700】

【玩家D 1700】

【玩家E（你） 2500】

【玩家F 3250】

【SB 3180】

【BB 1550】

局势：9人在线SNG早期，已经淘汰了一个玩家。

盲注：30/60。

你的底牌：K♥K♣。

到你说话：玩家A加注到120筹码，玩家B到玩家D都弃牌，彩池里有210筹码。

问题：你该怎么办？

答案：这里你不能跟注，因为你后面还有3个未行动的玩家，你不希望太多的人进入彩池，所以这里应该加注，如加注到350或者400筹码。

行动：你加注到300筹码，玩家F弃牌，大小盲注弃牌，玩家A跟注，彩池里有690筹码。

翻牌：A♦T♠7♣。

翻牌后技术

行动：对方下注300筹码，彩池里有990筹码，你该怎么办？

答案：信息很多，我们一个一个解读。第一，翻牌前对方跟注，你的加注有些少，对方只要180筹码就能参与一个510筹码的彩池，这给你读牌造成一些障碍，但可以说明对方有一手值得玩的牌。第二，翻牌出现了A，现在对方只要有一个A就比你大，而且这非常有可能。第三，翻牌后对方下了试探注。综合这3点，你无法判断对手究竟有什么牌，这里我会选择跟注，让我的位置帮助我。

行动：你跟注，彩池里有1290筹码。

转牌：Q♣。

行动：对方全下。

问题：你该怎么办？

答案：Q♣的出现使牌面出现了花面和顺面，对方的下注很可能是想赶走抽牌，这意思着他的底牌很可能有A。当然，也许他是口袋Q，甚至可能是KT这样的边缘牌，但是有A的可能性很大，翻牌前过小的加注使你陷入了困境。比赛才刚刚开始，你还有机会，抛弃你的侥幸心理，也抛弃你的底牌。

行动：你弃牌。

习题4.5

位置与筹码：【玩家A 2740】

【玩家B 1650】

【玩家C 2600】

【SB（你） 2440】

【BB 2480】

局势：6人在线SNG早期，已经淘汰了一个玩家，玩家A很紧。

盲注：30/60。

你的底牌：A♠J♦。

到你说话：玩家A加注到120筹码，玩家B和玩家C弃牌，现在彩池里有210筹码。

问题：你该怎么办？

答案：AJ在5人局已经不错了，但是这里我还是会选择跟注，原因一是玩家A在枪口位置加注说明他的底牌不会太差，AJ很容易被AK或AQ主导。原因二是我后面还有一个尚未行动的玩家，我在三明治位置。

行动：你跟注，大盲注玩家弃牌，彩池里有300筹码。

翻牌：7♦7♠7♣。

问题：你先行动，该怎么办？

答案：翻牌出现三头的情况小于3‰，但是始终会发生。你虽然什么都没有，但是对方也可能什么都没有。这里我会选择下试探注。

行动：你下注100筹码。对方反加注到400筹码。

问题：跟注，弃牌还是全下？

答案：你下注有点少。对方加注到400筹码虽然可能是反偷，但是更可能是实力的展现，相信他有口袋，弃牌。

行动：你弃牌。对方获胜后亮出A♣Q♣。

习题4.6

位置与筹码：【玩家A 3930】

翻牌后技术

【玩家B 2400】

【玩家C 1500】

【玩家D 2670】

【玩家E 3100】

【SB（你） 2130】

【BB 2120】

局势：9人在线SNG中期，已经淘汰了两个玩家。

盲注：50/100。

你的底牌：K♦9♦。

到你说话：玩家A~E都弃牌，彩池里有150筹码。

问题：你该怎么办？

答案：在只有两个玩家的时候K9s已经不错了，加注可以考虑。但是这里我会选择跟牌，第一，因为我的位置不好，第二，因为K9s并不真正强大。

行动：你选择加注到200筹码，对方跟注。彩池里有400筹码。

翻牌：A♣ 8♦ 6♦。

问题：你先行动，你该怎么办？

答案：翻牌前加注也可以，但是你的加注有点少，对方有位置，而且你给了他3：1的彩池赔率，他没有理由不跟注。翻牌对你来说喜忧参半，喜的是有两张方块，忧的是你并没有真正的成手牌，但是不要紧，对手可能也没有。这里应该采取半诈唬，下半个彩池，如果拿下，很好。如果对方跟注，你期待同花的出现。如果对方加注，视他加注数量再决定。

行动：你下注100筹码。对方弃牌。虽然你的下注有些少，但是对手并没有抵抗，你拿下了彩池。

习题4.7

位置与筹码：【玩家A（你） 2100】

　　　　　　　【玩家B 2820】

　　　　　　　【玩家C 4200】

　　　　　　　【玩家D 2500】

　　　　　　　【SB 2800】

　　　　　　　【BB 3430】

局势：9人在线SNG中期，已经淘汰了3个玩家。

盲注：50/100。

你的底牌：Q♣ Q♠。

问题：你先行动，你该怎么办？

答案：你的筹码处于劣势，很幸运，这个时候你拿到了一个大口袋。如果我的底牌是AA或KK，在这里我会跟注溜进去，但是QQ没强大到这个程度，所以这里我会标准加注。

行动：你加注到300筹码。玩家B跟注。玩家C和玩家E弃牌，小盲注跟注，大盲注弃牌。彩池里有1000筹码。

翻牌：7♠ 9♥ 4♥。

行动：小盲注让牌，你该怎么办？

答案：没有出现A或K，但是既有花面又有顺面，你现在还剩下1800筹码，彩池里的筹码超过你的一半，有一手超对的情况下你应该坚决拿下这个彩池。全下，不给你的对手抽牌的余地。

翻牌后技术

行动：你全下，玩家B弃牌，小盲注跟注。他亮出Q♥ T♥，在河牌他拿到了一个3♥，把你淘汰出局。你输了，但是并不代表你打错了。小盲注在面对枪口玩家加注，枪口下一位玩家跟注，后面还有一位未行动玩家的情况下拿QTs跟注不是明智的选择。翻牌后，面对全下抽花也不好理解，我只能解释为他以为Q和T都是出牌。但是在比赛中，这样的选手有很多，他们正是我们盈利的原因。

习题4.8

位置与筹码：【玩家A 2100】
　　　　　　　【玩家B 1810】
　　　　　　　【玩家C 1780】
　　　　　　　【玩家D 2120】
　　　　　　　【玩家E 2000】
　　　　　　　【玩家F 2080】
　　　　　　　【玩家G 2110】
　　　　　　　【SB 1980】
　　　　　　　【BB（你） 1960】

局势：9人在线SNG早期，你不了解对手。

盲注：20/40。

你的底牌：A♦ T♥。

到你说话：玩家A~D弃牌，玩家E加注到80筹码，玩家F跟注，玩家G跟注，小盲注弃牌。彩池里有260筹码。

问题：你该怎么办？

答案：虽然AT很危险，但是大于6∶1的彩池赔率支持你用任何牌跟注。

行动：你跟注。

翻牌：A♠T♣5♦。

问题：你先行动，你该怎么办？

答案：你拿到了两对，而且翻牌没有花面，顺面也很弱。你后面有3个玩家，你应该好好利用这种机会，让牌，期待打个Check-raise。

行动：你让牌，玩家E加注到100筹码，玩家F弃牌，玩家G跟注。彩池里有500筹码。

问题：你怎么办？

答案：你的目的达到了，现在的问题是，你要加注多少？现在有两个玩家，你应该下一个可以拿下彩池的大注，400筹码应该正好。

行动：你下注400筹码，玩家E弃牌，玩家F跟注。彩池里有1200筹码。

转牌：Q♣。

问题：你该怎么办？

答案：在转牌发下之前，你就应该思考玩家F的跟注意味着什么，他拿着什么牌敢于一直跟注，不像抽牌，因为卡顺抽中的概率太低，不值得跟这么大的下注，现在你最怕的是口袋T或者口袋5。这里要让牌吗？不，还应该继续下注以获得信息，你还有1480筹码，下注200筹码看看对手的行动。

翻牌后技术

行动：你下注200筹码，对方全下，你怎么办？

答案：对手的牌越来越像口袋5，你还有1280筹码，在SNG的早期足够多了，弃牌，再找好机会。

行动：实战中你跟注了，对方亮出口袋5，但是河牌你击中了一个T。

习题4.9

位置与筹码：【玩家A 2430】

　　　　　　　【玩家B 1800】

　　　　　　　【玩家C 1500】

　　　　　　　【玩家D 1760】

　　　　　　　【玩家E 1700】

　　　　　　　【玩家F 4020】

　　　　　　　【SB 2610】

　　　　　　　【BB（你） 2090】

局势：9人在线SNG早期，已经淘汰了一个玩家，玩家F比较松。

盲注：30/60。

你的底牌：K♦J♠。

到你说话：玩家A~E都弃牌，玩家F加注到180筹码，小盲注玩家弃牌，彩池里有270筹码。

问题：你该怎么办？

答案：虽然你拿着边缘牌，但是这里有3点支持你跟注。一是位置。你在大盲注位置，你不能轻易放弃你的大盲注，让对手觉得你很软弱。二是彩池赔率。你只要120筹码就可以参与270筹码的彩池，彩池赔率大于2∶1，这对于你的底牌足够了。三是对手的信息。对手很松，而且他在按钮位置，这都可以降低他参与彩池的底牌范围。基于以上3点，你应该跟注。

行动：你跟注，彩池里现在有390筹码。

翻牌：J♦5♣4♣。

问题：你先行动，下注还是打一个Check-raise？

答案：你拿到了顶对，还有不错的边牌，但是这里你还是不能打Check-raise。虽然对手很松，也许会在你让牌的情况下加注，但是同花连牌对你的威胁很大，你要严格控制彩池赔率。在这里我会下注300~400筹码，展示我的牌力，迫使对手弃牌。

行动：实战中你让牌。对手下注200筹码，现在彩池里有590筹码。

问题：你该怎么办？

答案：首先，虽然你没有加注，但是对手加注了，现在你该打一个Check-raise了，我建议下注600筹码左右。

行动：你加注，但是只加注到400筹码，对方跟注，现在彩池里有1190筹码。

转牌：2♥。

问题：你该怎么办？

答案：首先我们要说的是你的加注太小了，彩池里有1090筹码，对方只要200筹码就可以跟注，这给了对手5∶1的彩池赔率，他没有理由不跟。转牌对你毫无帮助，而且形成了顺面，但是除非他有A3或者63，否则对他也没有帮助，这时候你应该继续下注，我建议下注500筹码。

行动：实际上你让牌了，对手下注200筹码，你跟了，现在彩池里有1490筹码，你也剩下1490筹码。

河牌：7♣。

问题：到了河底，你该下注吗？

答案：第三张梅花出现了，这是你最不愿意看到的，而且还有两种顺牌的可能，让牌，看看对手怎么行动。

行动：你让牌，对手也让牌，亮出来K♥T♠，你赢得了彩池。对手的打法很怪，但是比赛中就是有这样的玩家。

习题4.10

位置与筹码：【玩家A 1500】
　　　　　　　【玩家B 2300】
　　　　　　　【玩家C 2200】
　　　　　　　【玩家D（你） 1760】
　　　　　　　【玩家E 2160】
　　　　　　　【玩家F 2040】
　　　　　　　【玩家G 2040】
　　　　　　　【SB 1980】
　　　　　　　【BB 1960】

局势：9人在线SNG的早期。

盲注：20/40。

你的底牌：J♦J♠。

德州扑克 战术与策略分析

到你说话：玩家A~C都弃牌，彩池里有60筹码。

问题：你该怎么办？

答案：你的底牌和你的位置不足以使你跟牌溜入，这里应该加注，可以加注600筹码。

行动：你加注到120筹码，玩家F跟注，玩家G和大小盲注玩家弃牌，彩池里有300筹码。

翻牌：9♥ 8♦ 7♥。

问题：你先行动，你该怎么办？

答案：翻牌对你来说还不错，你的口袋变成了超对。但是翻牌有很强的花面和顺面，这是你不愿意看到的，你应该下注3/4彩池左右来控制彩池，如240筹码。

行动：你下注240筹码，对方跟注，彩池里有780筹码。

转牌：J♣。

问题：你该怎么打？

答案：你得到了你最想要的牌，唯一的遗憾就是如果玩家F有个T，这会使他的顺子大于你的暗三，但是看起来不像，因为如果他是TT或AT，他会因为担心同花抽牌而加注。即使他有一个T，河牌你还有四头或葫芦的可能。继续下注。

行动：你下注400筹码，对方跟注，彩池里有1580筹码。

河牌：5♣。

问题：你该怎么办？加注还是让牌？

答案：66也成为可以击败你的一手牌，不过对手看起来不像66，因为如果他拿着66不太可能会在转牌跟一个400的大注。 综合我们的分析，他TT和66的可能性都不太大，所以这里应该下注。

行动：你下注200筹码。对手跟注，亮出AA。

他慢打了他的AA，翻牌前不能算错，但是转牌那种危险的牌型他还是跟注是个巨大的错误。

习题4.11

位置与筹码：【玩家A 2130】

【玩家B 1780】

【玩家C 2300】

【玩家D 1430】

【玩家E 2560】

【玩家F 3080】

【SB（你） 2780】

【BB 1850】

局势：9人在线SNG的早期。

盲注：30/60。

你的底牌：Q♣J♣。

到你说话：玩家A~D都弃牌，玩家E跟注，玩家F弃牌，彩池里有150筹码。

问题：你该怎么办？

答案：加注有点太松了，虽然你有两张人牌，但是它们不够强大，跟注是个很好的选择。

行动：你跟注，大盲注让牌，彩池里有180筹码。

翻牌：Q♥3♣4♣。

问题：你先行动，你该不该加注？

答案：你拿到了顶对，还有一个同花抽牌，现在的问题不是该不该加注，而是要加多少。我建议加注到2/3彩池，这个彩池足以让你明白当前的局势。

行动：实际上你下注了180筹码，一个彩池，大盲注弃牌，玩家E跟注。彩池里有540筹码。

转牌：K♦。

问题：现在你该怎么办？

答案：对手翻牌的跟注表明他可能有个Q，也可能在抽牌，这个K没有帮助你，也可能没有帮助他。你的位置不好，你仍然要通过下注确定你的情况，半个彩池有些大，我建议下注180筹码。

答案：你下注200筹码，对方跟注，彩池里有940筹码。

河牌：2♥。

问题：你该怎么办？

答案：没有梅花，你现在只有一个第二大对，这在河牌什么都不是，对方的两次跟注很可能意味着你已经被击败了，所以你应该让牌。

行动：你让牌，对方下注100筹码，你该怎么办？

答案：这个下注几乎表明了对手已经有很强大的一手牌，他担心在河牌没有收获，给了你一个大于10∶1的巨大彩池赔率，虽然我的理性告诉我不该跟注，但是有时候我还是会跟注，我想看看对手的牌。

行动：我跟注，对方亮出A♣5♣，他拿到了最小顺子。你应

翻牌后技术

该庆幸你没击中同花,否则你可能输掉所有筹码。

习题4.12

位置与筹码:【玩家A 2110】
【玩家B(你) 1580】
【玩家C 2380】
【玩家D 1650】
【玩家E 2460】
【玩家F 2260】
【SB 3890】
【BB 1610】

局势: 9人在线SNG早期,已经淘汰了一个玩家。

盲注: 20/40。

你的底牌: A♥ K♣。

到你说话: 玩家A弃牌,彩池里有60筹码。

问题: 你该怎么办?

答案: 标准的加注,3或4倍大盲注都可以。

行动: 你加注到120筹码,玩家C和玩家D弃牌,玩家E跟注,玩家F弃牌,小盲注跟注,大盲注弃牌。彩池里有400筹码。

翻牌: K♦ 4♣ 8♦。

行动: 小盲注让牌,该你行动,你该怎么办?

答案: 你拿到了顶对顶边牌,这在翻牌非常强,但是翻牌有两个方块,这是你不愿意看到的,这里应该下注一个彩池左右,赶走那些抽牌的玩家。

行动：你下注240筹码，玩家E跟注，小盲注弃牌。彩池里有880筹码。

转牌：K♠。

问题：你应该下注吗？

答案：翻牌你下注240筹码有点少，不足以赶走抽牌的玩家。转牌的K虽然让你形成了三头，但是实际上帮助不大，如果对方是暗三，你还是落后，如果你主导对方，现在还是主导。你不应该太高兴，还是下注防止对方抽花。现在彩池里有880筹码，建议下一个600筹码左右的控制注。

行动：你实际下注400筹码，玩家E跟注，现在彩池里有1680筹码。你还剩下820筹码。

河牌：J♦。

问题：第三张方块出现了，你该下注还是让牌？

答案：在回答这个问题前，你应该先回答另一个问题："如果你让牌，对方全下，你会选择跟注还是弃牌？"如果你选择跟注，那么这里你应该下注，如果你选择弃牌，那么这里你应该让牌。对于这手牌来说，彩池里有1680筹码，如果你下注对方跟注你赢了，彩池还会更多；你还剩下820筹码，如果你让牌对方下注你跟注你还会更少。拿下这个彩池你将有2680以上的筹码，输掉你将少于820筹码，这会使你进入前三的机会变得十分渺茫。所以，你没有选择，全下，期待对方没有同花。

行动：你让牌，对方全下，你跟注，对方是T♦T♥，输给了你的三头K。但是你要记住，本来你不必这么提心吊胆地赢下这手牌，只要控制好彩池。

习题4.13

位置与筹码：【玩家A 2410】

【玩家B 1900】

【玩家C（你） 2230】

【玩家D 1620】

【玩家E 950】

【玩家F 1940】

【玩家G 2500】

【SB 2490】

【BB 1900】

局势： 9人在线SNG早期，玩家F比较松。

盲注： 20/40。

你的底牌： J♦J♣。

到你说话： 玩家A和玩家B弃牌，现在彩池里有60筹码，你该怎么办？

答案： 你拿到了一个大口袋，它可能是现在最好的牌，你要加注，3或4个大盲注都可以。

行动： 你加注到200筹码，玩家D和玩家E弃牌，玩家F跟注，玩家G和大小盲注都弃牌，现在彩池里有460筹码。

翻牌： K♦6♥4♣。

问题： 你先行动，你该怎么办？

答案： 有一张过牌K，但是它不一定对你的对手有帮助，这里你要下试探注，200~250筹码比较合适。如果对方跟注或者加注，很可能意味着他的牌比你大。

行动： 你下注200筹码，对方跟注，现在彩池里有860筹码。

转牌： J♠。

问题： 你该怎么办？

答案： 在没有花面和极弱的顺面情况下你拿到了暗三，由于玩家F比较松，所以我们这里应该让牌，给对手翻牌加注是一个偷注的假象，挖个坑让他跳。我把这种翻牌后加注转牌让牌的打法叫作Raise-check，打这种战术需要你在转牌击中一个梦幻的出牌。

行动： 你让牌，对手下注400筹码，你假装想了很久后跟注。现在彩池里有1660筹码。

河牌： 2♠。

行动： 该你行动，你该怎么办？

答案： 转牌下注圈你的战术成功了，现在你要继续贯彻你的战术，继续让牌。虽然这样你可能会由于对手的让牌少赢一些筹码，但是这样做有两个好处，第一，一旦对手加注你可以赢一个大彩池；第二，你拿下这个彩池后在今后的牌局对方会忌惮你的河牌让牌，不敢轻易去偷你。

行动： 你让牌，对手下注500筹码，彩池里有2160筹码，你还剩1330筹码，玩家F还剩下640筹码。这时候你该怎么办？

答案： 全下。对手只剩下640筹码了，如果他扔掉这手牌几乎和这次比赛的前三名告别了，所以他只能一搏了，这是你赢得大彩池的机会，你一定要全下。

翻牌后技术

行动：你全下，对手考虑很久后跟注，他亮出K ♥ Q ♣。他的筹码都是你的了。

短筹码与短桌技术

当NBA进入第四节，两队比分105：104，你会看到与第一节完全不同的场景：每次得分球员都会激动地大喊，每次失误球员都会垂头丧气，如果裁判的判罚有争议，会引起球员的强烈反应。德州扑克的比赛也是一样，随着筹码和人数的减少，玩家开始变得饥不择食，他们会拿着垃圾牌不惜冒着被淘汰的危险全下来争取每一次盲注、每一个筹码。此时，你会切实感到对手眼睛里冒出的火焰的温度。即使不是现场比赛，你也会感到对手名字或头像里放出的阵阵杀气。这种情况下，我们之前介绍的谨慎略带保守的打法就不适用了，因为谦让只会让你赶不上胜利的班车。

当比赛进行了一段时间，随着筹码和对手减少，你就要扩大你的底牌范围，尝试拿诸如AT、KJ、88这样的边缘牌参与战斗。通常来说，筹码越少，对手越少，你的底牌范围应该越大。有时在只有两个玩家的情况下，底牌有一张K已经足够大了。

区域系统

按照筹码相对于盲注的多少,我们把德州扑克比赛分为5个阶段,在不同的阶段你应该采取不同的打法。为了便于理解,借用电脑游戏里人物的血量,我们把这五个阶段按照颜色区分。

绿色区域:你有20个以上大盲注。这是一个健康的区域,位于这里你会感到安全舒适。在这个区域你可以尝试各种打法,保守的、进攻的都可以,你也可以犯点小错,有时候冒点险也是值得的。

黄色区域:你有10~20个大盲注。在这个区域你应该采取谨慎的打法,不要轻易出手,如果有一手大牌(如QQ、AK),面对加注可以尝试全下。

橙色区域:你还有6~10个大盲注。你已经很危险了,任何盲注都值得你为之战斗。这时候你只能采取两种行动:全下或弃牌。拿到一手较好的牌(如AJ、TT),在还可以对对手造成伤害的情况下全下去抢盲注。

红色区域:你只有1~5个大盲注。这个时候你已经闻到死亡的气息了，理论上讲，如果你前面的玩家都弃牌了，拿到任何底牌都可以全下。这时比赛的技术成分变得不大了，运气无比重要。

黑色区域：你的筹码小于1个大盲注，也叫死亡区域。虽然历史上也有在这个区域翻盘并获得比赛冠军的例子，但这种概率极低，在这个区域你只能期待奇迹的发生。

你还需要记住一个非常特殊的点，我叫它生死线。

生死线：3个大盲注。如果你的筹码比3个盲注小，理论上，你吓不走任何对手了，一个成熟的牌手，面对3倍以下的全下，无论拿到什么牌都会跟注。你一定要在筹码逼近3个盲注前全下，哪怕你的底牌是不同花的27。

你永远不要被盲注拖死，这不仅关系到比赛的输赢，还关系到牌手的荣誉。正如著名牌手瓦哈迪说的："为了生存，你必须选择去死。"

全下

在短筹码的情况下，全下是个简单有力的手段。全下除了是实力的展现之外，还有以下3点好处。

1. 消除位置劣势。
2. 获得心理优势。
3. 先下手为强。

第一点比较好理解，当你全下后，如果对手跟注你们就摊牌了，不存在谁先行动谁后行动的问题了，如果你处于位置劣势，那么相当于全下帮你消除了这种劣势。第二点也不难理解，当你全下时等于告诉你的对手你已经没有退路了，把选择留给他。第三点有点复杂，下面通过牌例5.1来说明。

牌例5.1

局势：这是$100+10SNG的第一手牌，所有人弃牌到两个超进攻型的盲注——玩家A和玩家B。两个人反复加注再加注直到翻牌前全下。玩家A扔出A♦K♦，而玩家B亮出2♥2♥。

问题：两个人的平均收益有什么变化？

答案：A♦K♦和2♥2♥的胜率几乎相等（49.77%对49.60%），极大可能一个人要翻倍一个人要被淘汰。所以有人会认为"玩家A或玩家B中的一个马上将离开，而其他人不会受影响"。

这个观点的错误在于比赛中的筹码不是钱。早期翻倍仅仅翻倍了你的筹码，而不是你的平均收益。具体来说，如果你赢了，比赛中你的筹码会翻倍，而你的平均收益不会翻倍，会比两倍少。这是因为筹码越多越不值钱，败者失去的筹码价值要大于胜者得到的筹码价值。因此玩家A和玩家B会由于他们轻率地摊牌都受到损失，因为每人都在用整个比赛的平均收益去冒险，而对于钱而言，得到的却比两倍平均收益要低。所以在多次SNG比赛后，玩家A和玩家B的筹码将会变少，而且不可能通过上述的方式弥补损失。

但是平均收益并不如此明显。在一个10玩家参赛费为$100+10的SNG比赛中，总共平均收益为$1000，我们假设每个玩家有相同的技术，那么基本上有相同的起始期望值$100。假设玩家B的2♥2♥获胜，这样玩家A失去了他的平均收益$100，玩家B得到的比$100少，

短筹码与短桌技术

如$90,那剩下的$10被其余玩家获得。每个人都分得了$10的一小份,这源于一个本来可能赚钱的玩家被淘汰的结果。

所以在玩家A和玩家B竞争的例子中,玩家A和玩家B都是长期平均收益的损失者,而其他玩家是长期平均收益的获利者。

假设玩家B用他的2♥2♥获胜,而且淘汰了一个又一个玩家。如果你扔掉每一手牌,以便你的筹码保持不变(你必须扔的盲注忽略不计),那随着玩家被淘汰你在盈利。举例来说:

玩家数	Bob 的筹码	你的筹码	你的平均收益
10	t2000	t2000	$100
9	t4000	t2000	$102
8	t6000	t2000	$106
7	t8000	t2000	$114
6	t10000	t2000	$128
5	t12000	t2000	$150
4	t14000	t2000	$189
3	t16000	t2000	$271
2	t18000	t2000	$320

所以在这个例子中,你在没赢一个筹码的情况下平均收益有超过200%的增长。这可能有些极端,因为只有一个玩家不断地赢得筹码,但这反映了一个基本理念:每个对手被淘汰你都能获得平均收益。

如果你讨厌计算这种数学关系,你可以用David Sklansky 的"间隔理论"来解释,即如果在你前面有人加注,那么你要拿着比在他的位置加注的牌更强的牌才能跟注。

不是全下的全下

什么是"不是全下的全下"?就是有时候全下可以不用所有筹码,如牌例5.2。

牌例5.2

位置与筹码:【玩家A(你) 1550】
　　　　　　　【玩家B 6400】
　　　　　　　【玩家C 4250】
　　　　　　　【SB 2200】
　　　　　　　【BB 3000】

局势:9人在线SNG中期。

盲注:200/400。

你的底牌:K♣9♠。

到你说话:彩池里有600筹码,你先行动。

问题:你该怎么办?弃牌?全下?跟注?

答案:跟注或弃牌明显太弱了,你现在不到4个盲注了,下局还是你的大盲注,K♣9♠在5人局是不错的底牌,你必须战斗。我相信绝大多数人都会选择全下,但是我会选择加注到1200筹码。1200与全下在筹码数量上的确差别不大,但是在心理上的含义不同。

全下在很多玩家看来是一种绝望的行为,底牌的实力并不一定强。但是这里下注1200筹码是标准的3倍加注,在很多时候这是实力的体现,而且剩下的筹码还会让其他玩家认为你还有后手。如果对

短筹码与短桌技术

方拿到QQ这样的底牌我们的行为看起来多此一举，但是当他拿到KT这样的边缘牌的时候，你的这种打法也许就会起到作用。我们要竭尽所能争取胜利，哪怕作用很小。

顿挫

顿挫在英语叫（Stop and Go），借用中国象棋的术语，我翻译成顿挫。顿挫也是比赛中后期的一项技术，作用和不用全下的全下类似，但是与其相反的是，不是全下的全下是下很多筹码而留下一小部分，而顿挫是先跟注一小部分再全下。下面通过牌例5.3来说明。

牌例5.3

位置与筹码：【玩家A 4000】
【玩家B 5700】
【玩家C 1700】
【玩家D 500】
【玩家E 2600】
【SB 2400】
【BB(你) 800】

局势： 9人在线SNG中期。

盲注： 100/200。

你的底牌： K♥ Q♠。

到你说话： 玩家A~D都弃牌，玩家E加注到400筹码，小盲注弃牌，彩池里有700筹码。

德州扑克　战术与策略分析

问题：你该怎么办？弃牌还是全下？

答案：当然不会弃牌，很多玩家在这个时候会毫不犹豫地全下，靠运气取胜。其实，在弃牌和全下之间还有另一种选择：跟注。跟注后无论出现什么翻牌马上毫不犹豫地推出剩下的400筹码。

在短筹码的情况下拿到不错的底牌K♥ Q♠，你必须得战斗，而不能坐以待毙被盲注吃死。如果你全下，彩池中有1300筹码，玩家E只需要400筹码就可以看到河底，大于3∶1的彩池赔率值得他用任何牌去跟注。况且，无论你的形象如何，他都会认为你的全下是在做绝望一博，而不是实力的展示，所以你根本不能期望把他打跑。

你应该跟注，跟注后，无论翻牌是什么，翻牌一出现你要毫不犹豫地全下，给对手制造你击中了翻牌的假象。这时候池底有900筹码，如果他没击中翻牌，或者他拿着一个小口袋而翻牌出现了两或3张过牌，他可能会考虑省下那400筹码选择弃牌，如果你的形象很紧或他是翻牌后的消极玩家，他弃牌的可能性就更大。即使对方跟注，也不过是把一次全下的行动在中间停顿了下，但是你会因为这个停顿获得在你和对手都没击中翻牌的情况下额外的取胜机会，这时你的位置劣势转化成了优势，这就是跟注然后全下比直接全下更有利的原因。

对于SNG中后期的短筹码，拿到一手可以一战的牌，面对一个（注意，如果对手有两个以上，顿挫的效果会大打折扣）赶不走的对手，选择跟注，然后无论翻牌是什么都扔出剩下筹码的这种战术

短筹码与短桌技术

就是顿挫。顿挫是一个有效的战术，特别是面对消极型玩家效果更好。但是很多人在拿到可以一战的牌都会很高兴地全下，他们的理由是"大部分情况翻牌后全下对方都会跟注"，的确是这样，但是仅仅是大部分情况，还有一些小部分情况我们不能忽视，因为我们追求的是长期利益。

顿挫战术相当于溺水人的稻草，它虽然不能保证让你活下来，但至少对你有益。

泡沫

泡沫(Bubble)指的是还差一位玩家就是钱圈的阶段，如SNG的4人局。这个名称很形象，如果在这个时候被淘汰了，前面的努力会像泡沫一样破碎。这个阶段的打法与你的筹码息息相关，你的筹码数量会导致一些不同以往的决定，如用不同花的27全下、扔掉KK。下面以9人SNG的4人局为例介绍5种技巧。

1. 展现强硬

当你是大筹码的时候，面对不会对你造成伤害的玩家，你一定要表现得十分强硬，你可以用任何牌接他们的全下，也许你会输掉一手牌，让某个小筹码翻倍，但是你做了一个重要的宣言："我无论拿到什么牌都会接你们的全下，不要想吃我的大盲注！我无所畏惧！"这会起到很好的威慑效果，可以使你保住更多的大盲注。

牌例5.4

位置与筹码：【玩家A 2000】
　　　　　　　【玩家B 2000】
　　　　　　　【SB 1700】
　　　　　　　【BB(你) 11400】

局势： 9人在线SNG后期。

盲注： 300/600。

你的底牌： 9♥ 4♦。

到你说话： 玩家A弃牌，玩家B全下，小盲注弃牌，彩池里有2900筹码。

问题： 你该怎么办？弃牌还是全下？

答案： 跟注，不要犹豫。虽然9♥ 4♦是很弱的牌，你很可能输掉这手牌，但是你还是要全下。现在你的筹码要远远多于其余3个对手，他们已经不能对你造成大的伤害，你要让他们尊敬你，并警告他们想偷你的大盲注一定要冒死亡的危险。如果是现场比赛，你可以用言语表达这个意思，如果是在线比赛，你可以用文字警告。

2. 偷盲

如果你是大筹码，并且优势很大，你就不应该仅仅满足于进入钱圈，而是要为争夺冠军做准备。这时候，你要利用中筹码想保守进钱圈的心态，尝试去偷中筹码的盲注。

短筹码与短桌技术

牌例5.5

位置与筹码：【玩家A 900】

【玩家B 4000】

【SB(你) 9700】

【BB 2500】

局势：9人在线SNG后期。

盲注：300/600。

你的底牌：J♥ 7♠。

到你说话：玩家A、B弃牌，彩池里有900筹码。

问题：你该怎么办？

答案：虽然J♥ 7♠并不强，但是这种情况下你还是要全下。大盲注玩家没有一手足够强的牌不会跟注，因为玩家A很快就会被淘汰了，即使他赢下这手牌，他也没有十足的把握取得更高的名次，但是输掉会连钱圈都进不去。利用他的保守开始累积筹码吧。

3. 合作

在泡沫阶段，你在筹码没有明显优势的时候，首要目的是进入钱圈，有时候，你要与其他大筹码或中筹码合作，一起淘汰小筹码的玩家。

牌例5.6

位置与筹码：【玩家A 8400】

【玩家B 1600】

【SB 3700】

【BB(你) 3400】

局势：9人在线SNG后期。

盲注：300/600。

你的底牌：K♥ K♠。

到你说话：玩家A弃牌，玩家B全下，小盲注跟注，彩池里有3800筹码。

问题：你该怎么办？跟注还是全下？

答案：你的底牌很强大，现在如果你全下，不出意外小盲注玩家会弃牌，因为你的全下意味着你的底牌很强，小盲注玩家没必要和你拼斗，他可以借你的手淘汰小筹码玩家进入钱圈。你有很大的可能会赢得这手牌，但是不要忘记，你还是可能会输，让小筹码翻3倍，对你造成威胁，这是你不愿意看到的。

你应该跟注，而且不管发什么公共牌，你都要和小盲注玩家让到底。虽然小盲注的介入会降低你的获胜率，但同时也会降低小筹码获胜率，使你有更大的可能进入钱圈，再做进一步战斗。这并不是作弊行为，而是每个有经验玩家都会采用的技巧。

4 渔翁战术

我为这个战术起名"渔翁战术"是借用的"鹬蚌相争，渔翁得利"这个成语。有时候你要制造其他玩家的矛盾，从中获利。

牌例5.7

位置与筹码：【玩家A 11300】

【玩家B(你) 3600】

短筹码与短桌技术

【SB 1100】

【BB 1100】

局势：9人在线SNG后期。

盲注：300/600。

你的底牌：A♦J♣。

到你说话：玩家A弃牌，彩池中有900筹码。

问题：你该怎么办？

答案：你的底牌不错，如果你全下，小盲注非常可能会弃牌，而大盲注已经不能再弃牌了。虽然A♦J♣不错，但是即使面对97o这样的垃圾牌也没有绝对的优势，仍然有30%以上的可能性输掉。一旦输掉这手牌，你将只剩下2000筹码，这是你不愿意看到的。这时候你应该弃牌，保持你3600的筹码,让大小盲注争夺这个彩池。大小盲注无论谁放弃这个彩池，都将剩下1100的筹码，而对方则变成3000筹码，这是他们不能接受的，所以他们一定会为这个彩池斗争到底。而一旦他们全下，即使不淘汰掉一个人，也最多剩下300的筹码，可以保证你顺利进入钱圈。

5. 忍耐

忍耐对于德州扑克十分重要，特别是比赛。比赛不是比谁的筹码多，而是比谁活得时间长，有时候你只要活下来就够了，哪怕只有一个筹码。

牌例5.8

位置与筹码：【玩家A 800】

【玩家B 2000】

【SB(你) 500】

【BB 11700】

局势：9人在线SNG后期。

盲注：1000/2000。

你的底牌：8♥ 8♦。

到你说话：玩家A和B弃牌，彩池里有3000筹码。

问题：你该怎么办？弃牌还是全下？

答案：虽然口袋8已经不弱了，但是这里你还是要弃牌。即使你赢了，你也只有3000筹码，仍然不能逃过一次大小盲，输了就会损失更多。你弃牌后，虽然只剩下500筹码，但是这已经足够了，因为玩家A和玩家B都要经过盲注的洗礼，期待他们被淘汰吧。

有时，即使你的筹码很多，你的底牌很好，你也要忍耐。

牌例5.9

位置与筹码：【玩家A 7000】

【玩家B(你) 7000】

【SB 1700】

【BB 1400】

局势：9人在线SNG后期。

盲注：300/600。

你的底牌：K♠ K♦。

到你说话：玩家A全下，彩池有7900筹码。

问题：你该怎么办？弃牌还是全下？

答案：K♠K♦ 已经很强大了，但是这里还是要弃牌。玩家A表现了他的强硬，他可能是个口袋，也可能是Ax，我们不希望看到后者，因为那样我们接他的全下他将有接近30%的胜率。现在的局面对你很好，你非常可能至少获得第二名，但是输了就会一无所有，这种情况你只有拿到AA才会跟注，所以要弃牌。

在实际比赛中，泡沫阶段要比以上几种情况复杂得多，你可以把牌例5.9看成模型，不必生搬硬套，学会其中的技巧即可。

钱圈

当你进入钱圈，你的第一个目标就完成了，但是不要大意，你应该更加认真地对待比赛，因为你的对手更强了，更因为你的下一个目标是冠军。

通常来说，比赛奖金的结构是鼓励进攻的，即奖金差是递增的。以9人SNG来举例，第一名拿到50%的奖金，第二名拿到30%的奖金，第三名拿到20%的奖金。第一名的奖金是第二名和第三名奖金的总和，这就要求我们在进入钱圈的后打法更富进攻性。

牌例5.10

位置与筹码：【玩家A(你) 6800】

　　　　　　　　【SB 2000】

　　　　　　　　【BB 7400】

局势： 9人在线SNG后期。

盲注： 600/1200。

你的底牌：T♦ T♠。

到你说话：彩池里有1800筹码。

问题：你该怎么办？

答案：这里应该全下。现在只有3个玩家，T♦ T♠已经非常强大了，你不可能扔掉这手牌，跟注太弱，加注又缺乏力度，根据我们在前面的讨论，你应该全下，把问题抛给对手。

行动：实际上你加注到3000筹码。小盲注玩家弃牌，大盲注玩家全下，现在彩池对你来说有10400筹码。

问题：你还剩3800筹码，你该怎么办？

答案：你的选择有两种：第一，弃牌；第二，跟注。弃牌后，你还剩3800筹码，小盲注还剩2000筹码，大盲注将会有12200筹码，你最可能得到第二名。如果你跟注，输了就被淘汰了，赢了你的筹码将变成14200，小盲注的筹码为2000，大盲注的筹码为1800，你几乎就是冠军了。但是你的胜率有多大呢？你的对手可能是大对也可能是小对，这两个的可能性可以抵消；另一种可能就是你的对手是两高牌，这样你略有优势。在没有明显读牌的情况下，你的胜率是50%。现在我们可以把问题简化为：如果你弃牌肯定获得第二名，如果你跟注，你有50%的可能得第一、50%的可能得第三，你跟吗？到这里，答案就很明显了，当然跟了，因为50%×50%总奖金（第一名的奖金）+50%×20%总奖金（第三名的奖金）=35%总奖金>30%总奖金（第二名的奖金）。

牌例5.10说明，在进入钱圈后，一定要玩得凶狠些，为了更高的名次，你值得去冒被淘汰的危险。

短筹码与短桌技术

单挑

单挑看似很迷人，最后留下来的两位玩家，一个在左边，一个在右边，中间是近千万的美金，周围是全世界的目光。但这光鲜的背后是粗暴和欺骗。粗暴是因为进入单挑阶段筹码相对盲注一般不会太多，而且只面临一个对手，可以最大限度地扩展起手牌的范围，有时候木棒和石头就可以打败敌人了，你没有必要非要拿着AK47或M4a1才去战斗。充满欺骗是因为在单挑阶段成手牌不会太强，击中一个顶对已经很难得了，这就给诈唬和挖坑创造了更多的机会。

单挑阶段运气和勇气很重要，但是技术也占了很大一部分，特别是在长筹码的情况。通常来说，玩家数目越少对技术的要求越高。

底牌等级

在讨论单挑的技术前，我先给出一个单挑时的底牌等级表，通过这个表你可以知道哪些牌在单挑中是前10%好的，哪些是前20%好的，哪些是最不好的。关于这个表更多的信息我会在后面给出。

底牌等级	底牌
10% 好的牌（面对随机牌有62%以上的胜率）	对牌：AA-66 同花非对牌：AK-A8，KQ-KJ 不同花非对牌：AK-AT

续表

底牌等级	底牌
20% 好的牌（面对随机牌有58%以上的胜率）	所有以上的牌 对牌：55 同花非对牌：A7–A3, KT–K8, QJ, QT 不同花非对牌：A9–A7, KQ–KT, QJ
30% 好的牌（面对随机牌有55%以上的胜率）	所有以上的牌 对牌：44 同花非对牌：A2, K7–K5, Q9, Q8, JT, J9 不同花非对牌：A6–A3, K9–K7, QT
40% 好的牌（面对随机牌有52%以上的胜率）	所有以上的牌 对牌：33 同花非对牌：K4–K2, Q7–Q5, J8, T9 不同花非对牌：A2, K6–K4, Q9, Q8, JT, J9
50% 好的牌（面对随机牌有50%以上的胜率）	所有以上的牌 对牌：22 同花非对牌：Q4–Q2, J7–J5, T8, T7, 98 不同花非对牌：K3, K2, Q7–Q5, J8, T9
60% 好的牌（面对随机牌有47%以上的胜率）	所有以上的牌 同花非对牌：J4–J2, T6, T5, 97, 96, 87 不同花非对牌：Q4–Q2, J7–J5, T8, T7, 98
70% 好的牌（面对随机牌有44%以上的胜率）	所有以上的牌 同花非对牌：T4–T2, 95, 94, 86, 85, 76, 75 不同花非对牌：J4–J2, T6, T5, 97, 96, 87
80% 好的牌（面对随机牌有41%以上的胜率）	所有以上的牌 同花非对牌：93, 92, 84, 83, 74, 65, 64, 54 不同花非对牌：T4–T2, 95, 94, 86, 85, 76

短筹码与短桌技术

续表

底牌等级	底牌
90%好的牌（面对随机牌有38%以上的胜率）	所有以上的牌 同花非对牌：82，73，72，63，62，53，52，43 不同花非对牌：94-92，84，83，75，74，65，64，54
10%差的牌（面对随机牌有32%以上的胜率）	同花非对牌：42，32 不同花非对牌：73.63，53，43，82，72，62，52，42，32

需要注意的是，你不必花费时间去记住这个表，你只要在脑海里大体形成一个底牌强弱的感觉即可。下面是几点结论或说明：

同花牌并不强。在单挑中，同花只会比非同花增加2%的胜率。

连牌也不强。在多人桌时，大部分情况获胜至少需要顶对，但是在单挑中，有时候一个底对就够了。所以在单挑中，最弱的牌不是不同花27或26，而是23。

所有口袋都很强。即使最小的口袋22面对随机牌看到河底也有50%的胜率。如果仅到翻牌阶段，口袋更强，因为翻牌后非口袋牌仅有1/3的概率形成对牌。

被主导并不可怕。即使你被主导，你仍然有30%左右的胜率。例如，AKs对AQs的胜率为71.3%，KTo对K8o的胜率为67.6%。

不要畏惧任何非对牌。如果对方的底牌不是口袋，那么你不用过分担心。例如，Ako对JTo的胜率是为63.2%，A2o对JTo的胜率为54.5%，KTo对Q4o的胜率为61.2%。

翻牌前策略

大盲注位置和小盲注位置的差别很大，会直接导致你要采取不同的策略，下面分开来谈。

翻牌前你在小盲注

小盲注是较好的位置，翻牌前彩池为小盲注提供了3∶1的彩池赔率，翻牌后小盲注总是后说话，所以你要玩得有侵略性。

1. 你几乎可以用任何牌跟注。如果对手总对你的跟注进行加注，那么请扔掉那些垃圾牌——后20%的牌。

2. 如果你有15个以上盲注，前30%的牌是潜在加注牌；如果你的筹码不够15个盲注，前40%的牌是潜在加注牌。拿到潜在加注牌，2/3的情况加注，1/3的情况跟注。如果你拿到了大口袋AA、KK、QQ，那么反过来，1/3的情况加注，2/3的情况跟注。

3. 如果你的跟注被加注了，跟注所有的Ax、所有口袋，还有前30%的牌。

4. 如果你的跟注被全下了，可以跟注前20%的牌。

5. 如果你的加注被反加注（包括全下）了，跟注前10%的牌和所有对，也可以根据情况跟注前20%的牌。

6. 如果你的盲注小于8个，前30%的牌都可以全下或跟对手的全下。

短筹码与短桌技术

翻牌前你在大盲注

大盲注的位置不好,翻牌后总是先行动,所以你要尽快结束这手牌。

1. 你的对手跟注,如果你的盲注在8个以下,全下前30%的牌;如果盲注在8~15个,加注前30%的牌,但不用全下;如果你的盲注大于15个,加注前20%的牌。

2. 你的对手加注,用前30%的牌跟注,用前20%的牌反加注。但是你要注意,如果一个保守的玩家加了大注,你要用前20%的牌跟注,用前10%的牌反加注。

3. 如果你的对手全下,用前20%的牌跟注。

翻牌后策略

翻牌后对手非对牌形成一对的概率只有1/3,所以有很大的机会去偷注。我们按照成手牌强弱逐个说明。

顶对和顶对以上。在单挑中,翻牌击中顶对已经很强了,几乎相当于9人桌的暗三,你可以挖坑,但是最好不要拖到河牌。顶对以上的牌非常强,要好好利用,可以把坑挖得深些。

中对。翻牌击中中对也不错,相当于9人桌的顶对顶边牌,但是随着转牌和河牌的发下,你要根据对手的表现重新评估你的牌力。

底对。有一对总是好的,但是不要过于留恋。

什么都没有。什么都没有不代表你一定会输,因为对手什么都没有的可能性也很大,如果你先行动或者对手让牌,可以尝试去偷注。

SAGE策略

SAGE是SNG后期（Sit And Go Endgame）的缩写，是SNG单挑阶段的一种策略。如果筹码较少的玩家筹码小于8个大盲注，可以采用SAGE策略。

第一步：计算牌力。

SAGE策略把底牌的强弱进行量化，具体方法如下。

1. A=15，K=13，Q=12，J=11，其他牌的分值等于自己的点数。
2. 手上最大牌的分值乘以2，加上另一张牌的分值。
3. 如果底牌是口袋，那么在得分的基础上加上22。
4. 如果底牌是同花，那么在得分的基础上加上2。

如果你的底牌是AA，那么你的底牌分值为15×2+15+22=67。如果你的底牌是Q7s，那么你的底牌分值是12×2+7+2=33。如果你的底牌是23o，那么你的底牌分值是3×2+2=8。

第二步：计算R值。

R值是两个单挑玩家中筹码较少的玩家的筹码与当前大盲注的比值。例如，现在两个玩家的筹码分别为6000和3000，大盲注为2000筹码，那么R值为3000/2000=1.5。

短筹码与短桌技术

第三步：查表判断是否该全下或跟全下。

SAGE表如下：

R	小盲注全下	大盲注全下或跟全下
7	26	30
6	25	29
5	24	28
4	23	26
3	22	24
2	21	17
1	17	ANY

表中R的最大值是7，因为只有R小于8时SAGE策略才适用。表中第二列是小盲注全下需要的底牌分值，第三列是大盲注全下或大盲注跟全下需要的底牌分值。需要提醒的一点是，如果$R=1$，那么你在大盲注无论拿到什么牌都要全下或跟全下。下面通过牌例5.11来实践这个策略。

牌例5.11

位置与筹码：【SB 5200】

　　　　　　　【BB（你） 116000】

局势： SNG单挑阶段。

盲注： 400/800。

你的底牌： 9♥ 8♥。

到你说话： 小盲注全下了，你该怎么办？

答案： R值为5200/800=6.5，小于8，所以可以用SAGE策略。计

算你的底牌分值，9×2+8+2=28。查表，当R=6时，在大盲注需要29才可以跟注，但你的底牌分值只有28，所以应该弃牌。

习题5

习题5.1

位置与筹码：【玩家A（你） 2300】

【玩家B 3100】

【玩家C 4500】

【SB 2200】

【BB 5000】

局势： 9人在线SNG中期。

盲注： 300/600。

你的底牌： Q♥ T♠。

到你说话： 彩池里有900筹码，你先行动。

问题： 你该怎么办？弃牌？全下？跟注？

答案： 下手牌就是你的大盲注了，你现在的筹码不到4个大盲注，你不能坐以待毙。Q♥ T♠在5人局里是不错的底牌，这手牌不能放弃。全下太过简单了，缺少技术含量，这里应该下注1800筹码，不是全下的全下，向对手传达你有强底牌的信息。

行动： 你下注1800筹码，所有人都弃牌，彩池里的900筹码归你了。

短筹码与短桌技术

习题5.2

位置与筹码：【玩家A 5400】
【玩家B 1700】
【玩家C 500】
【玩家D 2600】
【玩家E 2400】
【SB（你） 800】
【BB 4300】

局势：9人在线SNG中期。

盲注：100/200。

你的底牌：K♥ Q♠。

到你说话：玩家A~D都弃牌，玩家E加注到400筹码，彩池里有700筹码。

问题：你该怎么办？

答案：这手牌和牌例5.3相似，但是仔细看会发现不同，因为你的决定无法结束这次下注，后面还有一个大筹码玩家没行动。这时你不应该打顿挫，因为如果你跟注，大盲注玩家只要扔进去200筹码就可以参与一个1000筹码的彩池，这对于一个大筹码玩家是笔划算的买卖。假设你跟注，大盲注也跟注，彩池现在有1200筹码。翻牌后你扔出你剩下的400筹码，这给了任何跟注的人1400：400的彩池赔率，大多对手都会跟。而且，两个人进入彩池，翻牌对他们有帮助的可能性也变大了。

这时你应该选择全下。全下后，如果大盲注的底牌不是很强，他面对一个加注和一个反加注是不会参与彩池的，况且他在你和玩家E中间，他的跟注不会终结这次行动，三明治位置会让他很尴尬。

习题5.3

位置与筹码：【玩家A 4440】

【玩家B 4200】

【SB（你） 2350】

【BB 6410】

局势： 9人SNG后期。玩家B是个紧凶型玩家，在一次比赛中你曾经用暗三反加注，他再反加注，你全下，他跟注，淘汰了他的超对。另一次比赛中，你再次反加注，他扔掉了顶对顶边牌。玩家A和玩家B都很松。

盲注： 200/400。

你的底牌： K♥ K♣。

行动到你： 玩家A弃牌，玩家B加注到800筹码，彩池有1400筹码。

问题： 你该怎么玩？

答案： 你在需要的时候拿到了德州扑克里第二好的牌，但是你首先要做的是冷静下来，想想该如何行动。行动一共有以下4种可能。

1. 加注到1600筹码。 这种选择应该和弃牌一样不予以考虑，加注到1600筹码，你还剩550筹码，就算翻牌出现一个A你也不能扔掉你的KK，否则你就输了，与直接被淘汰的唯一区别就是要浪费你更多时间。站在对方的角度来说，如果跟你的1600筹码翻牌没有击

短筹码与短桌技术

中他的牌,他也会继续跟那微不足道的550筹码。如果他能跟你的1600筹码,就会跟你的全下,所以,如果你想加注到1600筹码,就全下。

2. 全下。全下是个不错的选择,你有一手非常好的牌。除此之外,你非常希望对手跟你,而且你在小盲注,全下可以消除你的位置劣势。如果对手跟你,你至少有2/3的机会可以把筹码翻倍,而玩家B只剩下不到2000筹码了,这会使你的局面得到极大的缓解。但是现在的问题是,如果对手弃牌,你能接受吗?我认为你不应该接受,对手弃牌,你拿到彩池,筹码变成3550,玩家B是3400筹码,你仍然面临着困境。在泡沫阶段,运气成分很大,你应该尽量避免和对手去拼运气,现在就是一个好机会,你要尽最大可能重创玩家B,而不是等着和他拼运气。那么玩家B弃牌的可能性大吗?很大,第一,他在按钮位置,即使他的牌差些,位置也可以帮助他,所以他有权利打得松些,他完全有可能拿着AT、KJ这样的牌去偷注;第二,他曾因为跟你的反加注而被淘汰,也曾因为尊重你的反加注而获益,所以当他拿到边缘牌时他会倾向于选择弃牌。如果你面对的是一个不了解你的松凶型选手,全下是正确的,但是很遗憾,他不是这种人。

3. 加注到1200筹码。如果你加注到1200筹码,彩池有2400筹码,而对方只要400就可以跟你,你为他提供了6:1的彩池赔率,加上他的好位置,他没有理由不跟,你非常可能会因此多收益400筹码,而且如果他看到了一个非A对,也许你还能把筹码翻倍,这看起来不错,但是有两个问题。第一,你暴露了你的牌,你敢反加他，按照他的经验，他虽然会跟你，但是他会非常小心。由于你的位置不好，他会根据你翻牌后的行动再决定。第二，你给了他用最小成本击败你的机会，一旦翻牌看出来一个A，你就很尴尬了。冒着被淘汰的风险仅仅能使你多赢400筹码，这个风险回报率显然不合适。

4. **跟注**。这是个正确的选择。跟注的好处有3点。第一，你隐藏了你的大牌。如果在长时间考虑后再做出跟注的决定效果会更好，一旦翻牌没有A，应该马上让牌，让对手以为你很弱，以便争取翻倍。第二，可以让彩池多一个玩家，增大了你筹码翻倍（甚至更多）的可能。你跟注后，大盲注因为筹码很多，应该也会跟注（如果他反加，更好），这样彩池就有3个玩家，2400筹码。翻牌后，如果没有A，你可以以Check-raise，在后面有两个玩家的情况下，Check-raise成功的可能性要远大于面对一个玩家（因为他们看成非A对的概率变大了）。第三，你还给自己还留了一个机会（虽然这个机会很小），如果翻牌出现一个A，你让牌，盲注加注或大盲注让牌玩家B加注，在可以确定对手有A的情况下（这需要你的读牌能力），可以考虑扔掉，这样你1550的筹码仍然还有些机会。

习题5.4

位置与筹码：【玩家A 11200】

【SB（你） 2200】

【BB 2800】

局势： 9人在线SNG后期。

盲注： 600/1200。

短筹码与短桌技术

你的底牌：J♣7♣。

到你说话：玩家A弃牌，彩池里有1800筹码。

问题：你该怎么办？

答案：这里应该全下。玩家A弃牌，现在彩池里有1800筹码，如果你弃牌，大盲注将拿下彩池，筹码变成4600，而你还是2200，不到两个盲注，非常危险。如果你全下赢下这手牌，那大盲注将变成1200筹码，而你的筹码将变成5600，只要一次全下就可以和玩家A交换筹码数目。也就是说，这手牌是生死牌，你和大盲注都扔不起。虽然你的J7同花不算强，当然，在单挑中也不是很弱，但这不是问题，这时底牌的强弱已经无关紧要了，既然你知道扔掉就是输，那么即使拿到23也应该搏一搏。

习题5.5

位置与筹码：【SB 600000】
　　　　　　　【BB（你） 522000】

局势：MTT单挑阶段。

盲注：8000/16000，底注2000。

你的底牌：K♣Q♣。

到你说话：小盲注跟注，彩池里有34000筹码。

问题：你该怎么玩？

答案：K♣Q♣是前10%的好牌，你应该加注，你的大盲注位置很不好，你应该很高兴看到对手被你赶走，你应该下注到60000或70000筹码。

行动：实际上你加注到40000筹码，对方跟注，彩池有80000筹码。

翻牌：9♦ 4♠ 2♣。

到你说话：你该怎么办？

答案：翻牌的加注有些少，没有赶走对手。翻牌出现了，虽然你没击中对牌，但是你有两张过牌，你应该尝试去偷这个彩池。下注40000~60000筹码是不错的选择。

行动：你实际上下注了80000筹码，对方全下，你怎么办？

答案：你的下注太多了，在对方眼里你可能在偷注，他的全下展现了他的实力，你除了6张可能的出牌什么都没有，不要冒险，扔掉吧。

行动：你弃牌，后来你知道，对手的底牌是9♥ 8♠。

习题5.6

位置与筹码：【SB（你） 5000】
　　　　　　　【BB 10000】

局势：SNG单挑阶段。

盲注：1000/2000。

你的底牌：J♥ 9♣。

到你说话：彩池里有3000筹码，你该怎么办？

答案：先来判断下我们是否可以用SAGE策略，5000/2000=2.5<8，所以我们可以用SAGE策略。先计算你的牌力，11×2+9=31。再去查表，R=2时，在小盲注位置只要21就可以全下，你的牌力是31，所以这里应该全下。

行动：你全下，对手弃牌，彩池归你了。

现场德州扑克比赛规则

  对于经常在网络扑克室玩德州扑克的朋友来说，参加现场比赛可能会很不适应。在现场，对手头顶上不再有筹码数量了；在现场，空调可能会把你的底牌吹翻。网络扑克与现场扑克更大的不同是规则上的，我指的当然不是游戏的规则，而是网络扑克根本不用你操心的现场规则，比如：在现场扑克中，你不能提前弃牌，你不能大喊大叫，你不能把大面额筹码放到对手看不到的位置等等。本章讲重点说说现场扑克的游戏问题，如果您打算一直玩网上扑克，那本章对你帮助不大，但如果您打算去赢一个金手镯或者组织一场现场德州扑克赛，那本章您一定要好好看看。

德州扑克　战术与策略分析

现场德州扑克游戏流程

网络扑克室中，当你进入牌桌，你的位置就已经确定，但是在现场比赛中，要麻烦很多。

确定庄位

发牌员在裁判员的监督下，按照完整洗牌程序洗牌后，从枪口玩家开始给每一位玩家发明牌一张，获得最大牌面的玩家确定为起始庄家，并由裁判员宣布第一局庄家位置，所有牌桌将统一按照这一庄家位置开始比赛，以后每局庄位位置按照顺时针方向前移动一位玩家。在随机选定庄家时，若两张或多张扑克牌点数相同，则按照黑桃、红心、方块、梅花由大到小的顺序进行比较。A将是同一花色最大的一张，2为最小一张。

下盲注

为了使得牌局能够进行，强制庄家位置顺时针方向第一个玩家下小盲注，庄位位置顺时针第二个玩家下大盲注。通常，大盲注是

现场德州扑克比赛规则

小盲注的两倍。

发放底牌

下盲注后，从小盲注位置的玩家开始，按顺时针方向由发牌员向每位玩家发放两轮底牌，每轮每位玩家得到一张底牌，皆为暗牌，即底牌，底牌一共两张。

第一轮下注

所有玩家得到底牌后，从大盲注顺时针方向的第一位玩家（即枪口玩家）开始行动，行动指从下几项选择中的一个：

1.弃牌：放弃底牌，退出当局比赛，不参与当前牌局竞争，也不能讨论这局牌。

2.跟注：投入和已下注玩家相同数额的筹码，通常为桌面上出现的最大已下注筹码数额。

3.加注：增加下注数额，最小的加注额度应该为上位玩家大于前一位玩家的数量，比如玩家A记住到120，玩家B加注到180，那么玩家C的最小加注额为180+（180-120）=240。

4.大盲注过牌：在无加注的情况下，大盲注位置玩家持观望态度，示意发牌员发出前三张公共牌，即翻牌。

一位玩家结束动作后，顺时针方向的下一位玩家获得行动权，直到不再有人弃牌，且每人已向底池投入相同数额或小于跟注需要的全下。已弃牌的玩家不再参与当前牌局。

翻牌及第二轮下注

发三张公共牌（翻牌）到桌面中央，保证所有玩家可见。

从庄家顺时针的下一位玩家开始，按顺时针方向做同于第一轮的动作，直到不再有人弃牌，且每人已向底池投入相同数额或下注跟注需要的全下。已弃牌的玩家不再参与当前牌局。

转牌及第三轮下注

发第四张公共牌（转牌）到桌面中央，保证所有玩家可见。

从庄位顺时针的下一位玩家开始，按顺时针方向做同于第一轮的动作，直到不再有人弃牌，且每人已向底池投入相同数额或下注跟注需要的全下。已弃牌的玩家不再参与当前牌局。

河牌及第四轮下注

发第五张公共牌（河牌）到桌面中央，保证所有玩家可见。

从庄位顺时针的下一位玩家开始，按顺时针方向做同于第一轮的动作，直到不再有人弃牌，且每人已向底池投入相同数额或下注跟注需要的全下。已弃牌的玩家不再参与当前牌局。

比牌

四轮下注都完成后，若仍剩下两名玩家或两名以上的玩家持有底牌，则进行比牌。比牌时，每位玩家用手中两张底牌与五张公共牌组成最大牌型，然后进行比较大小。获胜者得到彩池的筹码。若多人获胜，则平分彩池中的筹码。

现场德州扑克比赛规则

🎰 玩家注意事项

在网络扑克室，玩家只要专注打牌就好，不用操心你的底牌会不会被其他玩家看到，有时候，你的底牌暴露了不光会让你失去筹码，还会被裁判员判罚犯规。

在座位上

在所有玩家都拿到完整的底牌之后，玩家必须保持一直都在座位上，底牌才有效。"在座位上"是指在可触及自己的椅子范围内。

意图

玩家有责任使自己的意图清晰可辨。

按顺序动作

在牌局中最后一轮下注结束前的任何时刻，玩家须按顺序动作，提前弃牌是有效的弃牌，但反复提前弃牌可能遭受裁判员的处罚。

默认接受动作

玩家有责任确认其他玩家的下注或全下的筹码数额。如果玩家要求清点下注筹码，而得到发牌员或其他玩家的错误信息，并把错误信息所指示的筹码放进池底，将被认为玩家默认接受对手的正确的筹码数额或全下筹码数额。

筹码堆必须保持可见并可清点

玩家有权合理估算对手的筹码，因此筹码应该按可清点的方式排列。清一色的筹码，每堆叠20片为建议堆叠标准。玩家必须保持其最大面额筹码一直可见、可辨认。裁判员会控制比赛中使用的筹码面值及数量，并且可以依据他们的自由裁量权来更换筹码。

计时读秒

当前牌桌所有在座的玩家无论是否持有底牌，在牌局内的任何时间都有权要求裁判员对一个在合理时间内（通常为2到3分钟）仍未作出行动的玩家进行计时读秒，计时读秒采用50秒+10秒的方式进行，前50秒为计时时间，最后10秒为裁判员读秒的时间。计时读秒结束后仍未作出行动的玩家的底牌将被裁判员宣布死牌，退出当局比赛。如果出现个别玩家利用规则故意拖延比赛时间的行为，裁判员保留加快正常思考时间进行计时读秒的权力，并可以针对此种行为对玩家作出相应的处罚。

保护好底牌

玩家必须始终保护好自己的底牌。保护好底牌是指：

（一）时刻保护底牌信息不泄露给其他玩家。玩家将承担由于自身的原因将底牌信息透露给其他玩家的风险与责任，故意透露底牌信息给其他玩家的行为将招致裁判员的严厉处罚。

（二）时刻保护底牌在没有弃掉的情况下被发牌员失误收进废牌堆，玩家可使用压牌器或者单枚筹码压着底牌对底牌进行保护。

即便如此，如果底牌仍被发牌员收进废牌堆，则该底牌仍然按照死牌处理。

（三）玩家需在确认桌面信息无误的情况下才能亮出底牌。

（四）全下时的底牌是受到保护的，但玩家同样有责任时刻保护好自己的底牌，玩家将承受未保护好底牌所带来的后果及损失。"全下时的底牌受到保护"是指在特殊情况下裁判员有权恢复被失误取消的全下底牌有效性，以致玩家不被失误取消底牌而淘汰，但在不能准确恢复底牌的情况下，玩家将承担所带来的后果及损失。

（五）时刻保证自己的底牌在牌桌上处于发牌员以及其他玩家清晰可辨的位置，玩家将承担任何由于遮挡底牌所造成的风险及后果。

保护其他玩家的利益

整个比赛中，玩家有义务保护其他玩家的利益。因此，不管是否在牌局中，玩家都不能暴露一手仍然有效的底牌或者已经弃掉的底牌；任何时刻，都不能建议或批评别人的打法；对手的底牌未亮出前，不能读出底牌；不能与场边的亲友或观众讨论打法。裁判员有权判定某玩家是否故意帮助其他玩家，违反规定的玩家将可能遭受处罚。

作弊

作弊指任何人违反比赛规则而获得利益的行为。作弊包括但不限于以下行为：串通，偷窃筹码，将不具价值的筹码从一个赛事转移到另一个赛事，在扑克牌上做标记，换牌或使用任何作弊设备。

传递积分牌

两名或两名以上玩家达成协议，通过一人或多人下注而有意增加另一位玩家的筹码量的行为。

串通

两名或两名以上的玩家达成协议，针对其他玩家所进行的违规或不道德的行为，或批次不下注或加注，以达到达成协议玩家最少损失筹码的目的。串通包括但不限于以下行为：传递筹码，与其他玩家分享底牌信息，接受或向其他玩家发出信号，使用电子通信设备意图串通以及其他任何被赛事组委会认定的不恰当的行为。裁判长拥有最终裁定权。

照相

为了保护玩家的个人隐私权，避免不必要的纠纷，在未经过当事人同意的情况下，任何玩家不得在赛场内以任何方式拍摄牌桌信息以及其他玩家的照片。正常的拍照留影需要得到赛场裁判员的批准。

通信及电子设备

所有玩家在持有底牌情况下不得使用任何手机等通信设备。无论是否持有底牌，玩家都不能在牌桌上接听或拨打电话，接听或拨打电话需要距离座位至少两米以外，否则将招致裁判员的处罚。在

现场德州扑克比赛规则

进入决赛桌后,所有电子设备都将被移除。

牌桌物品放置

除了密封好的瓶装饮品以外,任何最大横截面积大于三分之二标准扑克牌面积的物品均不可以放置在桌面上,吉祥物的高度不能超过一张标准扑克的长度,横截面积不能大于三分之二标准扑克牌面积。

穿着

玩家可以穿着带有多种标志、徽章或者推销语言的衣物。但是所有的标志、徽章、标语都不得超过12平方英寸。临时性的纹身、粘贴在皮肤上的纸条以及带标志的创可贴都是不允许的。参赛选手不得掩盖或隐藏他们的面部特征。大赛工作人员需要一直能辨别牌手身份,并且可能命令选手移除阻碍他们识别牌手身份的物品。选手可以带太阳镜穿连帽运动衫,但是如果赛事方无法识别其身份的时候,必须移除他们。

礼仪

德州扑克是个绅士运动,如果违反牌桌礼仪也将受到裁判员的强制处罚。违反牌桌礼仪包括但不限于以下的情况:

不必要地触摸他们的底牌、筹码、身体或衣服;

拖延比赛,反复提前行动;

频繁讲话或交谈影响到其他参赛选手的注意力;

过度庆祝、夸张表演、不恰当举止或身体动作及姿态手势和行为；

恶意扰乱牌桌秩序；

对其他玩家或工作人员使用侮辱或歧视性言语。

行动的表达

我第一次参加现场比赛完全不懂现场比赛的规则，完全按照网络扑克的打法来，记得有一手牌对方加注到2000，我想加注到5000，就扔进去一个5000的筹码，但是，因为我没说"加注"，被认为是跟注，结果，那局牌让我损失了四分之一的筹码。

非标准或不清晰的下注

如果玩家使用费标准官方术语或身势语，需要自己承担风险。这些非官方术语可能会被理解成非玩家想表达的意思。同时，当下注的数量可以理解成多种含义时，采用少的数量。如"我下注5个"，如果不清楚是500还是5000，则被认为下注是500。

玩家对底牌的声明

对底牌的认定按照以牌为准的原则，即玩家对底牌内容的言语声明是无效的，底牌大小以亮出来的底牌实际大小为准。根据赛事组委会自由裁量，如果认定玩家故意对自己的底牌内容进行错误的言语声明（错报底牌内容），玩家将招致处罚。

现场德州扑克比赛规则

下注

玩家可以直接口述下注额度，并投放筹码至桌面，或者在无言语声明下注额度的情况下，由一个动作一次性投放筹码至桌面。

如果出现连续多个投放动作时，则下注数额将按照第一个动作所投放的筹码为准，如果未达到最小下注额度，则将算作一次最小下注。

如果玩家投放了筹码至桌面但口述的是不同的下注数额，则以先出现的情况为准，如果玩家口述与投放筹码动作同时出现，则以清晰的口述下注数额为准。言语声明不清晰的情况下则以实际投放筹码的数额为准。

在无限注下注规则中，言语声明"下注池底"不算做一个有效的下注数额，但会被认为是一次有效的下注，下注数额至少应为一次最小下注，发牌员将要求玩家确认详细数额。如果前位玩家已经下注，则这将被认为是一次有效的加注行动。这种声明在无限注下注规则的比赛中将会受到裁判员的处罚。

跟注

玩家可以直接口述"跟注"，并投放与已下注玩家相同数额的筹码数额（通常为桌面上出现的最大已下注筹码数额）至桌面，或者在无言语声明"跟注"或者"加注"的情况下，向桌面投放与已下注玩家相同数额的筹码（通常为桌面上出现的最大已下注筹码数额）。言语声明"跟注"后，跟注动作可以由多个连续的动作完成，即使第一个动作所投放的筹码数额小于需要跟注的数额，但跟注动作已经形成，必须继续完成跟注数额。

例如：盲注级别是1000/2000，翻牌后，玩家A下注2000，玩家加注到8000，玩家C言语声明"跟注"后向桌面投放了2000筹码，此时，发牌员需强制玩家C做出跟注到8000的动作，因此玩家C言语声明的"跟注"被判定是跟注当前桌面出现的最大下注数额，而且是固定不可更改的。

加注

玩家可以直接口述"数额"，并投放相应的筹码至桌面，或者在无特别说明的情况下口述"加注，数额"，并投放相应的筹码至桌面，这两种情况的数额都被视作数额。在无言语声明"加注"或具体加注总数额的情况下，由一个动作一次性投放的筹码数量为准，如果第一个动作所投放的筹码大于跟注数额但不满足最小加注额，则根据下注情况由裁判员根据加注规则里50%定律判定是跟注还是加注动作。

过牌

玩家可以直接口述"过"或者"过牌"，或者用手轻敲桌面示意过牌动作。玩家要承担用其他非标准性动作或言语声明所带来的影响后果。

弃牌

标准的弃牌动作应为将两张牌面向下的扑克牌沿着桌面扔向发

现场德州扑克比赛规则

牌员或言语声明"弃牌"，在有弃牌线的牌桌上被玩家扔出弃牌线的底牌将被视为弃牌动作，非标准的弃牌动作（例如：扔牌过高或容易导致底牌信息透露的动作）可能会招致裁判员的处罚。但是，如果没有被发牌员进行接触废牌堆的弃牌底牌，并且没有造成后面玩家做出动作且无声明"弃牌"的情况下，此底牌仍然为活牌，因为当玩家做出弃牌动作并无言语声明时，是示意发牌员可以收掉底牌，但发牌员如果还未将弃掉底牌收进废牌堆，把底牌变成死牌的动作则仍未完成，且没有对后面玩家造成影响的动作时，在这个瞬间此底牌仍然有效，被视为活牌。所以，发牌员应第一时间将弃牌收进底牌堆，以避免纠纷。同时，在特殊情况下，裁判员有权恢复已经解除废牌堆但仍清晰可辨认的弃牌有效为活牌的权力。所有玩家弃牌或言语声明弃牌后，不得保留任何底牌，应立即做出弃牌动作。所有玩家有权在牌局中除了全下动作或者跟注全下动作以外面对前位玩家下注时的任何时刻按顺序弃牌。在牌局中最后一轮下注未完成前的任何时刻，玩家提前动作进行弃牌或者在没有面对任何下注时（第一个动作或者面对前位玩家的过牌）的弃牌都是被禁止的行为，将招致裁判员的处罚。发牌员的提示弃牌语言不作为玩家弃牌的判罚标准，弃牌以玩家自己的实际动作或言语声明为准。

反复下注或者跟注

发牌员有义务制止一个非常规性的反复下注或者加注，赛事组委会鼓励牌桌上的所有玩家都协助制止一个非规范性反复下注或加注。玩家制止的非规范性反复下注或者加注须由裁判员核实。一个非规范性的反复下注或加注动作是指在没有言语说明的情况下，下注或加注由朝向筹码堆反复的多个动作组成；或者是将手中多枚筹码依次掉落在桌面上的动作。

期待找零跟注

玩家的所有跟注动作都应该是清晰标准的跟注动作，放入池底的多余的期待找零的多枚筹码将有可能被视作加注动作。例如：玩家A下注325，玩家B在无言语声明的情况下放入数额为525的筹码（一枚500面额筹码，一枚25面额筹码），期待找回200筹码，但这种情况将会根据规则判定为加注到650的动作。

全下后的剩余筹码

如果一个全下动作被跟注以后发现全下玩家仍然存留筹码，则存留筹码将会按照默认接受行动的原则以正常全下数额被计算。例如：玩家全下10000筹码在其他玩家跟注以后发现仍然存有一枚1000的筹码，则该玩家全下数额应被调整为11000积分牌，输赢都按照此数额进行计算。如果玩家故意在全下时存留筹码，在牌局结束后该玩家未被淘汰则将被视作故意扰乱牌局秩序的行为将受到裁判员处罚。

牌桌管理

每次我看WOSP我就感叹管理人员的执行力，这么多人的比赛，每次拆桌合桌都井井有条。他们牌桌管理的方法大体就是如下这样的。

随机正确就座

为了维护比赛的公正性原则，所有座次都是随机抽取指定的。玩家有责任保证自己坐到正确无误的座位上。为满足某些玩家的特殊需求（比如要直播某位明星牌手），裁判员保留为其重新安排位置或在比赛之初为其平衡牌桌的权力。

拆桌原则

拆桌会按照某一指定顺序进行。某一玩家将被转移到哪个牌桌哪个位置，将由裁判员按照随机程序指定。裁判员需要在结束当前牌局后，指导发牌员洗牌，然后由一号位置开始给每位玩家发放一张扑克牌，以高张扑克牌为起点顺时针随机发放新的位置牌。从被拆牌桌上移走的玩家将承担新位置的权利和义务。他们可以坐在大盲注位置、小盲注位置或者庄家位置，但唯一不能立即进入比赛的位置是庄家与小盲注之间的位置。赛事组委会保留特殊情况下修改拆桌顺序的权利。

分桌办法

当玩家增多需要添加新桌的时候，发牌员在裁判员的监督下需在结束当前牌局后从一号位位置开始向当桌每位玩家发放一张明牌，然后以高牌的形式调走需要被调整的玩家，当扑克牌点数相同时，按照花色黑桃、红心、方块、梅花从大到小的顺序进行比较。新增牌桌的庄家位置，由当桌发牌员在裁判员监督下按照定庄位流程重新选定。

平衡牌桌

1.比赛为九人桌或十人桌时

当一个牌桌上缺少三人或更多玩家时，需将把拆桌顺序中位置最靠前的满桌里下一牌局成为大盲注的玩家调到短桌的最坏位置（顺时针举例庄位最近的空位位置），包括成为独立大盲注，但不能成为小盲注。当比赛进入奖励圈后，当一个牌桌缺少两人或者更多玩家时，需将把拆桌顺序中的位置最靠前的牌桌里下一牌局成为大盲注的玩家调到短桌的最坏位置（顺时针举例庄位最近的空位位置），包括成为独立大盲注，但不能成为小盲注。

2.比赛为六人桌时

当一个牌桌缺少两人或更多玩家时，需将把拆桌顺序中位置最靠前的满桌里下一牌局成为大盲注的玩家调到短桌的最坏位置（顺时针举例庄位最近的空位位置），包括成为独立大盲注，但不能成为小盲注。

裁判员判罚标准

裁判员有权在比赛进行中对所有玩家的违规或者不恰当行为进行处罚，可以强制实施口头警告、停赛到取消参赛资格等处罚。

现场德州扑克比赛规则

口头警告

通常情况下，裁判员将会根据情节轻重程序给予玩家第一次违规或不恰当行为进行口头警告的处罚，并告知玩家。

停赛

裁判员根据违规情节轻重程度可以直接对玩家进行停赛一局、停赛三局、停赛一圈、两圈、三圈或四圈的处罚。停赛一至四圈是指裁判员确定处罚开始时的庄家位置（庄家牌当时所在的牌桌座位），庄家牌按照顺时针方向转到同样位置时为一圈，以此类推。对于反复违规的玩家，裁判员可升级处罚。在停赛处罚执行时，玩家必须离座，但仍然会收到底牌，在停牌期间被处罚玩家的底牌被自动按照弃牌处理。被停赛的玩家在停赛期间仍然要承担大小盲注以及前注的责任。

取消比赛资格

当玩家违规行为极为严重或举止已经严重干扰比赛进行时，裁判员必须通报裁判长，裁判长有权对该名玩家做出取消比赛资格的处罚。当玩家被取消比赛资格时，被取消比赛资格玩家的筹码将从比赛中移除，并且该玩家将不能获得任何补偿。在比赛开始后，由于健康或其他个人原因放弃比赛的玩家，其筹码会一直留在比赛中，一直支付相应盲注。

需要注意的是：处罚很多都不是逐级实施的，裁判员有权根据玩家违规情节的轻重程度直接给予任意级别的处罚或通报裁判长申请取消比赛资格的处罚。

♠ 发牌员发牌失误

在网络扑克室中,除非程序员写错了代码否则不会发错牌,底牌永远是两张暗牌,桌面上永远是三张翻牌、一张转牌、一张河牌。但是,在现场比赛中,什么情况都可能发生,有时,玩家的一个笑话会让美女发牌员的玉手一抖,发出来四张翻牌或两张河牌,如果出现这种情况该如何处理呢?下面是海南国际扑克赛中的相关处理方法,我们可以作为参考。

四张翻牌

如果翻牌发出四张牌(而不是三张),不管这几张牌是否暴露,裁判员需要把这四张牌点数面朝下混在一起,随机抽出一张用作下一张烧牌,其余三张牌则为翻牌。

两张转牌或者河牌

如果发牌员在发转牌或者河牌时同时开出了两张牌,正确的一张应该被使用,错误的一张将当做下一张烧牌或废牌处理。

提前曝光底牌

发牌员在派发底牌时如果曝光了一张底牌,应继续按照正常顺序派发底牌知道最后一张底牌发出,然后将手持牌中最上面的一张

现场德州扑克比赛规则

扑克牌替换曝光的扑克牌,并告知当桌所有玩家曝光的底牌点数、花色以及这张曝光的底牌将作为当前牌局第一张烧牌使用。替换动作完成后,发牌员应将曝光的扑克牌以牌面朝上的方式放在手持牌的最上方。

提前曝光翻牌

发牌员在第一轮下注结束前打开了翻牌,第一张烧牌不动,收回翻牌,结束第一轮下注,重新洗手中的牌,不烧牌,重新发新的翻牌。

提前曝光转牌

发牌员在第二轮下注未结束前打开了转牌,提前曝光的转牌放到一旁,第二张烧牌不动,结束第二轮下注,烧第三张牌,发出原来的河牌(作为新的转牌使用)。结束第三轮下注后,第三张烧牌不动,把提前曝光的转牌放回到发牌员手中重新洗牌,不再烧牌,直接发出新的河牌。

提前曝光河牌

发牌员在第三轮下注未结束前打开了河牌,第三张烧牌不动,结束第三轮下注,把提前暴露的河牌放回到发牌员手中重新洗牌,不烧牌,直接发出新的河牌,最后结束第四轮下注。

提前曝光手持牌

在牌局进行中,发牌员手持牌可能会由于失误曝光或者发生掉落。当手持牌失误曝光时，最佳的处理方式为由发牌员按照完整洗牌程序重新洗手持牌继续牌局。当手持牌掉落时，最佳的处理方式为尽量恢复原有手持牌顺序继续牌局。当手持牌曝光或掉落的手持牌已经混乱无法恢复原有顺序时，发牌员将手持牌重新按照完整洗牌动作洗牌并形成新的手持牌继续牌局。如果掉落的手牌与废牌堆和烧牌混为一起，在牌局已经有效的情况下，发牌员将除了玩家有效底牌以外的其他扑克牌按照完整洗牌动作洗牌并形成新的手持牌继续牌局。所有处理方式都需在裁判员监督下进行。

手持牌出现明牌

在牌局进行中，如果发牌员手持牌中出现明牌，此牌将不能作为正常扑克牌使用，应用下一张扑克牌进行替代，明牌将作为不存在的扑克牌来处理，在同一牌局中明牌数量达到两张或两张以上时，无论牌局进行到任何阶段，当前牌局将被取消，所有下注筹码将退回给玩家，庄位不变，发牌员重新洗牌开始牌局。

习题

习题6.1：看几集WOSP的电视节目，注意其中裁判员的判罚。

习题6.2：组织几个朋友来一次德州扑克现场比赛，你当裁判员和发牌员。

习题6.3：确定你现场比赛的吉祥物和压牌币。

习题6.4：参加一次线下德州扑克比赛。

附 录

附录1 牌型出现概率

皇家同花顺 1/650000

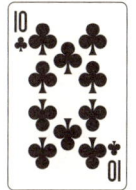

同花顺 1/72200

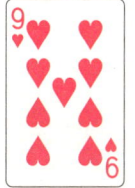

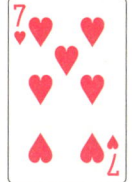

四条1/4200

德州扑克 战术与策略分析

葫芦 1/700

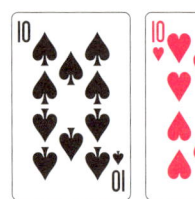

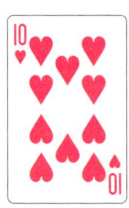

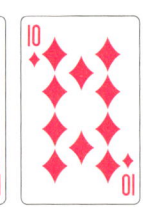

同花 1/510

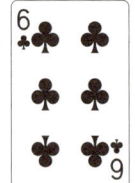

顺子 1/250

三头 1/48

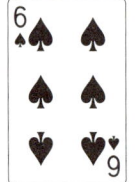

两对 1/21

一对 1/2.4

杂牌 1/2

附录2　出牌概率表

当前牌型	成牌牌型	出牌	翻牌后概率	转牌后概率
两端顺子及同花	顺子/同花/一对	21	72.32%	47.73%
两端顺子及同花	顺子/同花	15	54.10%	32.60%
单头顺子	顺子/一对	10	38.40%	21.70%
四张同花	同花	9	35%	19.60%
两头顺子	顺子	8	31.50%	17.40%
三头	葫芦	7	27.80%	15.20%
单张	一对	6	24.10%	13%
一对	两对/三头	5	20.40%	10.90%
两对	葫芦	4	16.50%	8.70%
单头顺子	顺子	4	16.50%	8.70%
一对	两对	3	12.50%	6.50%
口袋	三头	2	8.40%	4.30%
三头	四头	1	4.30%	2.20%

附录3 底牌别称

底牌	别称
AA	美国航空（American Airlines）
AK	老滑头
AQ	老女人
AJ	黑杰克（借用21点的叫法）
A8	死人牌（Hickok被枪杀时拿着这手牌）
A3	烟灰缸（Ashtray）
KK	金刚（King Kong）
KQ	皇家婚礼
KJ	Kojak
QQ	双重约会
Q7	电脑牌（电脑算出的最平均的牌）
JJ	杰克一家
J5	杰克逊5人组
TT	一毛钱（Dimes），10分
T2	道尔·布朗森牌（他用这手牌两次获得冠军）
99	大力水手
88	雪人
77	日落大道
72	啤酒牌（如果你运气很差，可以去喝酒了）
66	66号公路
55	限速

续表

底牌	别称
44	大酒瓶
33	螃蟹（像侧过来的螃蟹）
22	鸭子

附录4 赛事

WSOP。World Series of Poker,世界创办最早影响力最大的德州扑克赛事,创办于1970年,比赛地点在拉斯维加斯马靴酒店(Horseshoe),比赛时间为每年夏天,比赛过程通常为一个月。WSOP有多项扑克比赛,其中最受关注的是无限注德州扑克的主赛事,这项报名费为一万美元的比赛每年都能吸引几千人,冠军的奖金一般在1000万美元左右。

WPT。世界扑克巡回赛(World Poker Tour),创始于2002年,先后传播至全国150个国家和地区。该赛事一直走在美国扑克电视锦标赛的前沿。不论是从奖金额还是参赛选手的规模上来说,在每个连续的年度都急剧增加。

APT。亚洲扑克锦标赛(Asian Poker Tour),是亚洲最顶级、最具影响力的国际化德州扑克锦标事之一,总奖金可达百万美金。该赛事开始于2008年,随后每年在全球各地,特别是亚洲地区举办一系列大型的国际性扑克锦标赛,并取得了巨大的成功。亚洲扑克巡回赛的宗旨是将国际化的德州扑克锦标赛带给亚洲,为亚洲的广大德州扑克爱好者们提供一个走向世界级大赛的平台。

WPT中国赛。又称为世巡赛中国站（WPT National China），是经海南省文化广电出版体育厅和三亚市文化广电出版体育局批准，由三亚市文化广电出版体育局与北京联众互动网络股份有限公司联合主办、世界扑克巡回赛WPT授权的一项国际扑克赛事。WPT中国赛是目前中国境内影响最大的德州扑克锦标赛。

附录5　相关书籍

《德州扑克小绿皮书》（Little Green Book）。作者：Phil Gordon。《德州扑克小绿皮书》是德州扑克的百科全书，如果您只准备看一本德州扑克书，那《德州扑克小绿皮书》是您最佳的选择。Phil在打扑克之前的工作是高校教师，所以他非常擅长把复杂的德州扑克知识总结为一两条法则，让您读完就能记住。更重要的是，这本书有中文译本。

《超级系统1-2》（Super System）。作者：Doyle Brunson。第一本真正的德州扑克书，把德州扑克从一项酒吧游戏上升到理论高度的经典著作，无限注德州扑克圣经，如果您是攻击流打法，您一定要好好看看这两本书。

《小额限注德州扑克》（Small Stakes Hold'em）。作者：Ed Miller，David Sklansky，Mason Malmuth。主要讲述限注德州扑克的打法，最好的限注德州扑克书籍，被誉为限注德州扑克圣经。

《无限注德州扑克理论与实践》（No Limit Hold'em Theory and Practice）。作者：David Sklansky，Ed Miller。德州扑克理论

著作，把德州扑克上升到数学高度的一本书，在这本书里作者创造了很多后来被广泛应用的概念，如半诈唬、三明治等。

《哈灵顿在牌桌上1-3》（Harrington On Hold'em 1-3）。作者：Dan Harrington。德州扑克锦标赛圣经，每一个比赛选手的必读书，全书语言流畅，严谨不失幽默。更伟大的是，Harrington发明了"牌谱"，指导玩家在面对真实牌局如何思考，而不再只讲空洞的理论。Harrington的风格偏紧，很适合初学者。

《揭秘每一手牌》（Every Hand Revealed）。作者：Gus Hansen。很特别的一本书，这本书不讲理论和打法，而是对作者在一次比赛获得冠军的每一手牌的实录，您在这本书里会看到拿一次锦标赛冠军有多么艰难。

《SNG比赛策略》（Sit'n Go Strategy）。作者：Collin Moshman。专门讲述SNG打法的一本书，我在看完这本书后，SNG的水平提高了一个档次。

《牌桌阅人术》(Read'em and Reap)。作者：Joe Navarro，Marva Collins。国内出版的一本专门研究如何阅读对手"马脚"的译著，作者分别是前FBI探员和普林斯顿大学心理学博士，如果您缺乏玩现场牌局的经验，一定要好好看看这本书。

附录6　名人堂

Chris Ferguson：他每次出现在公众面前都是那套装束：一顶草帽，长头发，胡子拉碴。他曾经在9个月内从0美元打到1万美元，并把这些钱捐献给了儿童基金会。他喜欢摇摆舞，他和他的父母都拥有博士学位。

Chris Moneymaker：他本来是田纳西州的一个会计，靠网络卫星赛获得WSOP的资格，结果拿到了冠军，之前他没玩过现场扑克。Moneymaker是他的真实姓名。

Dan Harrington：在他拿到扑克世界冠军前，他多次获得过国际象棋和西洋双陆棋的冠军，他的著作《哈灵顿在牌桌上》可能是影响最大的德州扑克比赛书籍。比赛中他喜欢戴一顶绿色的帽子。

Daniel Negreanu：由于超强的读牌能力，他被人们称为神童，虽然年龄已经不小了，但是人们还喜欢叫他这个外号。他很健谈，看他打扑克不仅可以欣赏到他高超的牌技，还会被他的笑话逗乐。

David Chiu：中文名字叫邱芳全，是首位夺得世界扑克巡回赛总决赛冠军的华人。拥有4条WSOP金手链。1960年出生在广西南宁的农村,小时候游泳耳朵感染,丧失了35%的听力。1978年经中国香港辗转到美国读书。随后弃学从商,在丹佛开起了自己的餐馆。期间他学会了玩德州扑克,并被当地俱乐部雇为管理人员。1996年David Chiu在拉斯维加斯报名参加了WSOP的限注比赛,一举拿了冠军,赢得了近40万美元的奖金,同年他又参加美国扑克冠军赛并夺冠。1997年举家迁往洛杉矶,开始做职业牌手,先后共获得级别最高赛事冠军的金手链4条,各种世界级扑克赛事冠军十余次。2011年代表中国队出征世界扑克团体赛又一举获得冠军。在2008世界扑克系列赛上获得冠军时,David Chiu身披五星红旗跑场一周,被国外多家媒体称之为中国的英雄。

David Sklansky:德州扑克理论家,他的两本书《无限注德州扑克理论与实践》和《小额限注德州扑克》都被奉为德州扑克的经典作品,他还创造了很多关于扑克理论的概念。

Doyle Brunson:扑克界的传奇人物,两届WSOP冠军,他的《超级系统》成为很多人接触扑克的第一本书。虽然他的年龄很大了,但他仍然坚持参加WSOP的比赛,不过要借助一根拐杖。

Gus Hansen:丹麦人,可能是世界上最好的进攻型玩家,他曾经登上年度输钱排行榜第一名,被称为"恐怖的丹麦人"。

Phil Gordon:最好的德州扑克教师,无论是他的扑克书《德州扑克小绿皮书》还是他的教学视频《Final Table Poker》,您都应该看3遍。

Phil Hellmuth:1989年WSOP冠军。由于他喜欢搞笑并且脾气火爆,外号叫"扑克顽童"。他可能是最高调的扑克冠军,喜欢在赛场Cosplay一些名人，如巴顿将军和凯撒大帝。

Phil Ivey：虽然他没有拿过WSOP的冠军，但是很多人认为他才是世界上最好的扑克选手。他曾在3天内赢得1600万美元。他长得很像Tiger Woods，所以他的外号是"扑克老虎"。

Jennifer Harman：最著名也是最成功的女性玩家，她赢得的奖金总额在女性扑克玩家中排名第一。她曾经因为肾移植手术休战一年，但是复出后的她就赢得了深夜德州扑克比赛的冠军。她有两个孩子4条狗。

Johnny Chan：华裔德州扑克世界冠军，曾经拿过两次WSOP的冠军和一次亚军，他打牌速度很快，被称为"东方快车"。他在比赛中喜欢用一个橘子压牌。

Scotty Nguyen：越南人，14岁到美国后迫于生计当了发牌员，后成为WSOP冠军。他的口头禅是"Baby"，1998年WSOP，Scotty对Kevin McBride说，"Baby，如果你跟了这手牌，一切就结束了！"McBride跟了，果然结束了。

Stu Ungar：两届WSOP冠军，Stu早期喜欢吸食毒品，并且热衷于赛马和足球彩票，当别人问他你赢那么多钱用来干什么的时候，他说："赌博。"1998年11月22日，他死于拉斯维加斯的一家廉价旅馆。

Tom "durrrr" Dwan：他可能是在线扑克史上最具影响力的玩家。他的扑克生涯从50美元开始，短时间内变成了700万美元，他还因为摆下百万美元单挑赛名声大噪。

起手牌

后面的表格基于以下几个前提条件：

♠ 我有一个紧凶的形象，牌桌上的人都很尊重我。

♠ 对手的实力在中上等。

♠ 我和对手的筹码都是中等码。

♠ 我是第一个进入彩池的玩家。

♠ 我的加注在两个半到四个大盲注之间。

表格中的牌在图中的位置我只有25%到50%的概率玩，在后段位置我会玩得更多。

记住，这个表格仅仅是个指导。根据牌桌情况和对手风格做出相应的调整才能获得成功。

下面的起手牌表格只是一种建议，并不能保证获胜。

——均衡的局面——

局面：翻牌前平均最多有2~3个玩家（不紧，也不松）

行动：我用加注第一个进入彩池

玩家：9或10人桌

同花

AA	AK	AQ	AJ	AT	A9	A8	A7	A6	A5	A4	A3	A2
AK	KK	KQ	KJ	KT	K9	K8	K7	K6	K5	K4	K3	K2
AQ	KQ	QQ	QJ	QT	Q9	Q8	Q7	Q6	Q5	Q4	Q3	Q2
AJ	KJ	QJ	JJ	JT	J9	J8	J7	J6	J5	J4	J3	J2
AT	KT	QT	JT	TT	T9	T8	T7	T6	T5	T4	T3	T2
A9	K9	Q9	J9	T9	99	98	97	96	95	94	93	92
A8	K8	Q8	J8	T8	98	88	87	86	85	84	83	82
A7	K7	Q7	J7	T7	97	87	77	76	75	74	73	72
A6	K6	Q6	J6	T6	96	86	76	66	65	64	63	62
A5	K5	Q5	J5	T5	95	85	75	65	55	54	53	52
A4	K4	Q4	J4	T4	94	84	74	64	54	44	43	42
A3	K3	Q3	J3	T3	93	83	73	63	53	43	33	32
A2	K2	Q2	J2	T2	92	82	72	62	52	42	32	22

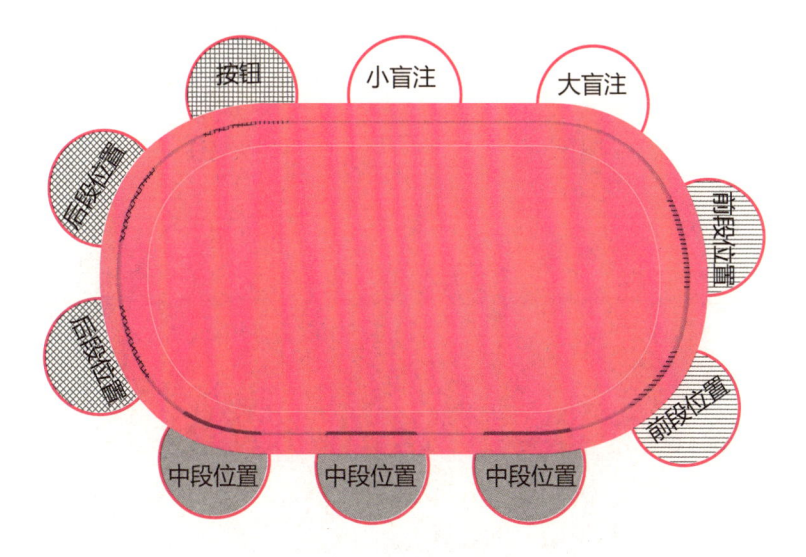

不同花

——我玩得较紧——

局面：翻牌前平均有3~5个玩家

行动：我用加注第一个进入彩池

玩家：9或10人桌

同花

AA	AK	AQ	AJ	AT	A9	A8	A7	A6	A5	A4	A3	A2
AK	KK	KQ	KJ	KT	K9	K8	K7	K6	K5	K4	K3	K2
AQ	KQ	QQ	QJ	QT	Q9	Q8	Q7	Q6	Q5	Q4	Q3	Q2
AJ	KJ	QJ	JJ	JT	J9	J8	J7	J6	J5	J4	J3	J2
AT	KT	QT	JT	TT	T9	T8	T7	T6	T5	T4	T3	T2
A9	K9	Q9	J9	T9	99	98	97	96	95	94	93	92
A8	K8	Q8	J8	T8	98	88	87	86	85	84	83	82
A7	K7	Q7	J7	T7	97	87	77	76	75	74	73	72
A6	K6	Q6	J6	T6	96	86	76	66	65	64	63	62
A5	K5	Q5	J5	T5	95	85	75	65	55	54	53	52
A4	K4	Q4	J4	T4	94	84	74	64	54	44	43	42
A3	K3	Q3	J3	T3	93	83	73	63	53	43	33	32
A2	K2	Q2	J2	T2	92	82	72	62	52	42	32	22

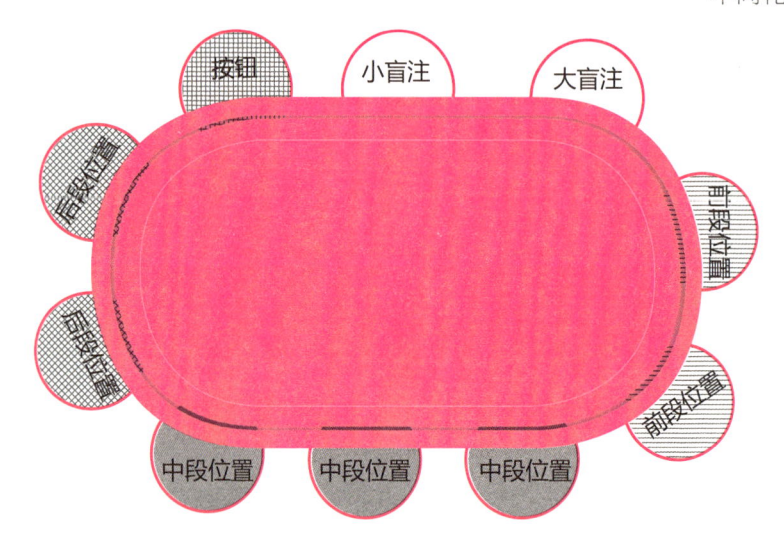

不同花

按钮　小盲注　大盲注

后段位置　前段位置

后段位置　前段位置

中段位置　中段位置　中段位置

——我玩得较松——

局面：翻牌前平均有2个玩家

行动：我用加注第一个进入彩池

玩家：9或10人桌

同花

AA	AK	AQ	AJ	AT	A9	A8	A7	A6	A5	A4	A3	A2
AK	KK	KQ	KJ	KT	K9	K8	K7	K6	K5	K4	K3	K2
AQ	KQ	QQ	QJ	QT	Q9	Q8	Q7	Q6	Q5	Q4	Q3	Q2
AJ	KJ	QJ	JJ	JT	J9	J8	J7	J6	J5	J4	J3	J2
AT	KT	QT	JT	TT	T9	T8	T7	T6	T5	T4	T3	T2
A9	K9	Q9	J9	T9	99	98	97	96	95	94	93	92
A8	K8	Q8	J8	T8	98	88	87	86	85	84	83	82
A7	K7	Q7	J7	T7	97	87	77	76	75	74	73	72
A6	K6	Q6	J6	T6	96	86	76	66	65	64	63	62
A5	K5	Q5	J5	T5	95	85	75	65	55	54	53	52
A4	K4	Q4	J4	T4	94	84	74	64	54	44	43	42
A3	K3	Q3	J3	T3	93	83	73	63	53	43	33	32
A2	K2	Q2	J2	T2	92	82	72	62	52	42	32	22

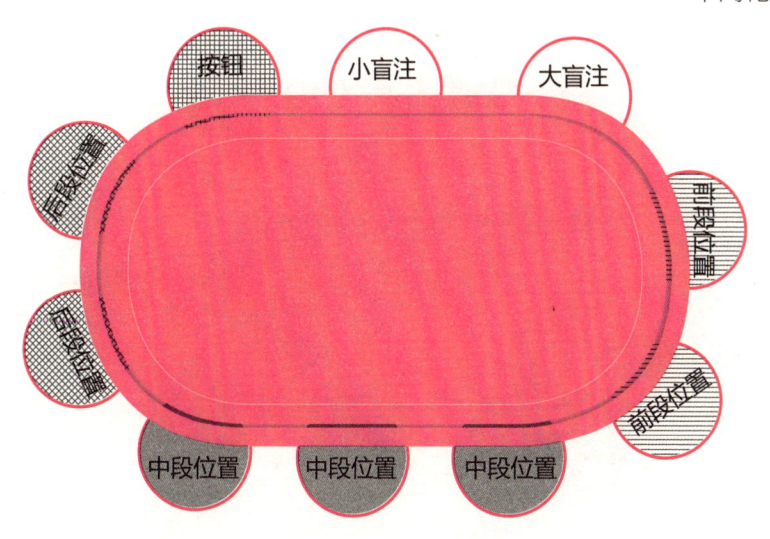

不同花

211

按钮　小盲注　大盲注

后段位置　　　　　前段位置

后段位置　　　　　前段位置

中段位置　中段位置　中段位置

——短桌，较均衡——

局面：翻牌前平均有2个玩家

行动：我用加注第一个进入彩池

玩家：9或10人桌

同花

AA	AK	AQ	AJ	AT	A9	A8	A7	A6	A5	A4	A3	A2
AK	KK	KQ	KJ	KT	K9	K8	K7	K6	K5	K4	K3	K2
AQ	KQ	QQ	QJ	QT	Q9	Q8	Q7	Q6	Q5	Q4	Q3	Q2
AJ	KJ	QJ	JJ	JT	J9	J8	J7	J6	J5	J4	J3	J2
AT	KT	QT	JT	TT	T9	T8	T7	T6	T5	T4	T3	T2
A9	K9	Q9	J9	T9	99	98	97	96	95	94	93	92
A8	K8	Q8	J8	T8	98	88	87	86	85	84	83	82
A7	K7	Q7	J7	T7	97	87	77	76	75	74	73	72
A6	K6	Q6	J6	T6	96	86	76	66	65	64	63	62
A5	K5	Q5	J5	T5	95	85	75	65	55	54	53	52
A4	K4	Q4	J4	T4	94	84	74	64	54	44	43	42
A3	K3	Q3	J3	T3	93	83	73	63	53	43	33	32
A2	K2	Q2	J2	T2	92	82	72	62	52	42	32	22

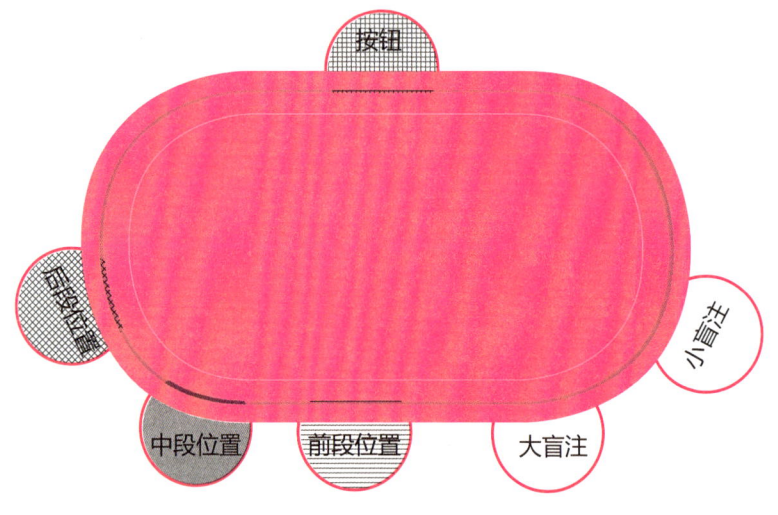

不同花

按钮

后段位置

小盲注

中段位置　前段位置　大盲注

附录比赛结构

WSOP锦标赛结构

级别	小盲注	大盲注	底注
1	25	50	0
2	50	10	0
3	100	200	0
4	100	200	25
5	150	300	50
6	200	400	50
7	250	500	50
8	300	600	75
9	400	800	100
10	500	1000	100
11	600	1200	200
12	800	1600	200
13	1000	2000	300
14	1200	2400	400
15	1500	3000	500
16	2000	4000	500

级别	小盲注	大盲注	底注
17	2500	5000	500
18	3000	6000	1000
19	4000	8000	1000
20	5000	10000	1000
21	6000	12000	2000
22	8000	16000	2000
23	10000	20000	3000
24	12000	24000	4000
25	15000	30000	5000
26	20000	40000	5000
27	25000	50000	5000

每个级别两小时。

所有玩家从10,000筹码开始比赛。

FullTtltPoker.com的SNG比赛结构

级别	小盲注	大盲注
1	10	20
2	15	30
3	20	40
4	25	50
5	30	60
6	40	80
7	50	100
8	60	120
9	80	160

级别	小盲注	大盲注
10	100	200
11	120	240
12	150	300
13	200	400
14	250	500
15	300	600
16	400	800
17	500	1000
18	600	1200

每个级别六分钟。

所有玩家从1,500筹码开始比赛。

（注意：网上的六分钟大体相当于现场的20分钟。）

后记

首先感谢您读完了这本书，我希望这本书不仅帮您学会了德州扑克，提高了德州扑克水平，喜欢上了德州扑克，更重要的是这本书还帮助您认识了德州扑克这位无声的老师，通过她，您学到了很多东西。还记得我在第一章写的德州扑克会带给您的30个益处吗？我相信，您现在已经明白了它们的内涵。

我在这本书中介绍的打法是一种偏保守的打法，因为这是我采用的打法，也非常适合初学者。但是您要知道，这不是最好的打法，或者说，根本没有最好的打法。高手可以根据不同的对手、不同的局势切换自己的打法，所以我在这里我要强调一个词：变化。

德州扑克是门技术，要像学游泳和学编程那样去学。我能给您的理论知识就是这些了，剩下的就要靠您自己通过实战来学习。如果您想成为一个德州扑克高手，那么我建议您准备好一个小本子，记录您每天的德州扑克日记，不断发现和纠正自己的错误。

还要提醒您，有德州扑克的生活很精彩，但是只有德州扑克的生活很悲哀。德州扑克非常有趣，但是不要沉迷其中，这个世界还有很多事情值得您去关注，特别是您的家人与朋友。

最后我要感谢一些人和一些事。

首先要感谢德州扑克。玩德州扑克的这几年，我经历了很多，收获了很多。我体验到了运动员获得冠军的那种喜悦，也品尝到了与金牌失之交臂的那种遗憾。我的英语和数学水平大大提高，我变得更加耐心，学会坦然地放弃，对投资也有了新的理解。每当生活或工作中遇到不如意的事情我的心态更加平和了。

感谢我的牌友刺喉鱼、木子、小小小偷、欢乐树熊、凤凤、雨人纪念、贼拉生猛、天天向下、Jack·琼、小嘴蚊子、thsyln1120、jorad2000等人，和你们打牌非常快乐。

感谢仪玉莉主任，在您的帮助下，我成为了一名合格的教师。

感谢我的父母，没有你们，就没有我的今天。

最后，再次感谢正在阅读这本书的您。